見果てぬ夢——平安京を生きた巨人たち

目次

はじめに

「財団法人　ジェイアール東海生涯学習財団」は、生涯学習事業の一つとして東京都内で「講座　歴史の歩き方」と称する講座を開いています。

この講座は、古代から中世、近世に至る日本の歴史を、ただ単に政治や経済の側面からだけでなく、宗教や文化等を含め多方面から深く掘り下げて解明しようというもので、個別のテーマ毎に小冊子（ナビレットと称しています）の配布と斯界の権威ある講師による講演会とで構成されております。

平成九年以来年四回のペースで開催してきましたが、このたびこれまでに開催したものの中から四回分を選んで若干の修訂を加え、単行本として刊行することといたしました。

平安の世を奔放な恋に生きつつも最期は「つひにゆく道とはかねて聞きしかどきのふけふと思はざりしを」と詠んだ在原業平、「平家にあらずんば人にあらず」と言うほどに一門の隆盛を極めながらも最期は熱病で悶死した平清盛、時代が武士の世に移ろうとするなか政治の実権を取り戻そうと必死に画策するも果たせなかった後白河院、そして、同じく、新古今和歌集の編纂など宮廷文化の復活を通じて政治の実権を武士から公家に取り戻そうとするも果たせず、配流先の隠岐にて寂しく世を去った後鳥羽院、以上四人が今回のテーマです。四人の巨人の歩んだ途と時代背景をナビレット（概説）によりご理解いただくとともに、四人の講師の講演録によりそれぞれの時代の特定のテーマを深く掘り下げることは、より一層歴史への興味を呼び覚ましてくれるのではないでしょうか。

本書が、歴史に興味をお持ちの方だけでなく、幅広く多くの方々に読まれ、日本の歴史や文化に想いを馳せ日本を見直すきっかけとしてお役に立てばと念願する次第です。

財団法人 ジェイアール東海生涯学習財団

【凡例】

●本書第一章～第四章の講演録は、「講座 歴史の歩き方」(於よみうりホール)で行われた講演に、それぞれの講師による補訂が加えられたものです。「講座 歴史の歩き方」開催時のタイトルと開催日は左記の通り。

第一章 『伊勢物語』を愛でる
——歌が物語になるとき
平成十六年八月二十五日

第二章 春の世の夢のごとし
——『平家物語』に探る清盛とその時代
平成十五年八月二十八日

第三章 うたふ専制君主
——後白河院の生きた院政期とその文化
平成十二年八月二十九日

第四章 後鳥羽院の見果てぬ夢
——『新古今和歌集』の成立とその時代
平成十四年九月十三日

●カラー頁の概説は、同講座にて配布された小冊子(ナビレット)に若干の修訂を加えたものです。文責は財団法人ジェイアール東海生涯学習財団にあります。

■歴史を歩く――本書で取り上げた人物に関連する史跡

丸数字は該当する章をあらわす。

第一章——【色好みの貴公子】

在原業平

『見立業平涅槃図』英一蝶筆　業平を釈迦に見立て、涅槃図としている。色好みだけあって、死を嘆き悲しむのは女性と雌ばかり

其ノ壱

永遠の恋物語へようこそ

過ぎし日々への追慕

●余白から匂い立つ世界

尾形光琳が描いた国宝「燕子花図《かきつばたず》」の屏風には、息を飲むような「余白の美」がある。金箔地の大画面に、群青と緑青の鮮やかな燕子花の群生。そこには水の流れも人物も橋もない。ただ花の群れが一見無造作に配されているのである。ゆえに、なまなましいまでに燕子花が目の前にせまり、匂い立つようだ。

この絵は平安初期の歌物語である『伊勢物語』の九段「東下り」、三河国八橋の情景を題材にとる。物語の場面ではなく花の群生だけを描くことによって、燕子花を眺める在原業平の境地へ鑑賞者を誘うのは、実に秀逸だ。余白を生かし、描きすぎないゆえ

に、見る者に自由な想像を与える。

　題材となった『伊勢物語』もまた、多くの余白を抱える文学だ。和歌の詠まれた背景を語る「語り手」は、語り過ぎることがない。例えば一一六段「はまびさし」では、在原業平と目される男がなんとなく奥州をさまよい歩き、京にいる愛人に「浪間より見ゆる小島のはまびさし久しくなりぬ君にあひ見で」という歌を送る。そして男は「何ごとも、みなよくなりにけり」と言ってやった、という。「なにごともうまくいったよ」――なにがどうよくなったのか、さっぱりわからない。語り手は語るべきことを省略してしまっているのだ。その答えは、歌のなかにある。「久しくなりぬ君にあひ見で」――あなたとも久しく逢っていません……。男はひょっとすると、旅の空の下、孤独を味わいながら、大事にするべきものがようよう見えてきたのかもしれない。一緒にいるのがあたり前だと思っていた愛人が、どれだけ大切な存在か思いしらされた――だから、みなよくなりにけり。

『燕子花図』尾形光琳筆

「語りすぎない語り手」は歌物語の眼目である「歌」への求心力を強め、さらに読者の想像をどこまでも広げさせる。

光琳の金屏風を飛び出した燕子花の群れが、奈良・佐保路の不退寺にも咲き誇る。ここは別名「業平寺」、在原業平建立とされる。本尊は業平自作と言われる平安初期の聖観音像。表情は古拙《こせつ》で、輪郭に鑿《のみ》の勢いはないが、胡粉《ごふん》をまぶした白い姿態はすべすべと柔らかく、『伊勢物語』の古雅な印象と重なる。

●「歌語り」を母胎として

『伊勢物語』はいつ、誰によって書かれたのか。これには諸説あるが、「原・伊勢物語」とも言うべき数段の物語が、段階を経て徐々に書き足され百段以上になったという説が、現在では最も有力である。「原・伊勢物語」の作者は業平自身かとも考えられ、書き足した人物としてはその子滋春、紀貫之などが推定されるが、もちろん確証はない。しかし平安初期以来の漢詩隆盛の時流の中で、『伊勢物語』が和歌復権の旗手として位置づけられたことは確かだ。

『伊勢物語』というタイトルの由来についても多くの議論がある。作者候補である伊勢御《いせのご》※の名からとったともいわれるが、有力なのは六九段「狩《かり》の使《つかい》」において、業平が「伊勢」の斎宮と恋に落ちる逸話が中心であったためという説である。

『伊勢物語』は一般に「歌物語」に分類される。これは歌に関する事績を伝える物語の形態をさし、貴族社会における「歌語り」という説話行為が成立基盤とされる。

「歌語り」の場を『枕草子』に探ると、「さべき折はひ一所に集まりゐて物語し、人

※**伊勢御**　歌人。宇多天皇皇后・温子に仕え、宇多天皇の皇子を生む。三十六歌仙の一人

不退寺　不退転法輪寺の略称。一年中花の絶えない「花の寺」としても知られる

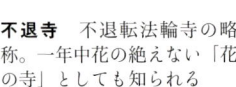

詠みたりし歌、何くれと語り合はせて……」（三〇三段）とあり、人々が集まると世間話のように、誰がこんな時こんな歌を詠んだ、と語り合った様子が描かれる。

この噂話のような歌語りから「物語」へと昇華させたものは、一体なにか。

それは『伊勢物語』の各章段の冒頭にある「昔、男ありけり」という語りに隠されている。「昔」という時代設定は、歌語りを一気に古き伝承世界へと高め、読者を『竹取物語』のような、憧れすら抱かせる虚構の世界へと誘うのだ。

ただし、各章段が個々の物語として完結しているのではない。『伊勢物語』はあくまでも業平をモデルとした男の、虚構の一代記である。『伊勢物語』が段階的に成立したとしても、有機的に結びついた一つのかたまりとして描かれ、そこには歌に生かされる理想的な「みやび」の一生が浮かび上がる。

作者たちは各章段に意識的に同じ空気、味わいを持たせ、一つの『伊勢物語』を作りだした（参考：山本登朗『伊勢物語論』［笠間書院］他）。

『伊勢物語図』尾形光琳筆　東下りの途上、八橋で業平は「からころも　きつつなれにし　妻しあれば　はるばる来ぬる　旅をしぞ思ふ」と詠んで同行の友の涙を誘った

不退寺はJR「奈良駅」または「近鉄奈良駅」から奈良交通バス12・13・131・140系統で「一条高校前」「不退寺口」バス停下車徒歩約5分。または近鉄「新大宮駅」から徒歩約15分

其ノ弐

傷心のアウトサイダー

在原業平という素材

◉魅力は「高貴だが放縦」

京の西郊・大原野は、小塩山《おしおやま》やポンポン山などのなだらかな山並みの裾に広がり、しめやかな竹林と棚田が美しい山里。そこには自然に溶け込んだような静かなたたずまいを見せる名刹が点在する。なかでも竹林のなかにひっそりと山門を構える「なりひら寺」――十輪寺は業平隠棲の地と伝えられ、しめやかな情趣を漂わせている。愛らしい鳳輦形《ほうれんがた》の屋根をもつ本堂から裏山へ続く道の途中に、業平の墓とされる宝篋印塔《ほうきょういんとう》があり、さらに奥に進むと、林の中に晩年業平が難波の海水を運んで塩を焼かせたという塩竈跡がある。

『伊勢物語』に「心つきて色好みなる男、長岡という所に家つくりてをりけり」（五八段）とあることから、後世、長岡京に近いここが隠棲の地と伝承されたようだ。

だいたい、業平の人物像は『伊勢物語』の読者たちの想像によって作られていったと言っても過言ではない。史実はともかく、物語の愛読者たちは十輪寺の塩竈跡にたたずむと、たちのぼる煙を見つめる狩衣姿の業平を幻視し、物語世界に浸るのだ。

歴史上の業平はどのような人物だったのだろう。

業平の父は、平城《へいぜい》天皇の皇子・阿保《あぼ》親王、母は桓武天皇の皇女・伊都《いと》内親王。このうえない高貴な生まれであるが、時勢は業平の味方ではなかったようだ。業平が生まれる前、祖父の平城天皇が譲位後に平城京復帰を企てて内乱を起こし（薬子《くすこ》の変）、上皇は出家、皇子の阿保親王は大宰府に流されている。帰京が許されてから伊都内親王と結ばれ、天長二年（八二五）に業平は生まれた。翌年に兄の行平らとともに在原姓を賜り、臣下に下っている。

在原業平邸跡　鴨長明の『無名抄』に「業平中将の家は、三条坊門よりは南、高倉面」（現・京都市役所の西方）とあり、烏丸御池のあたりと推定されている

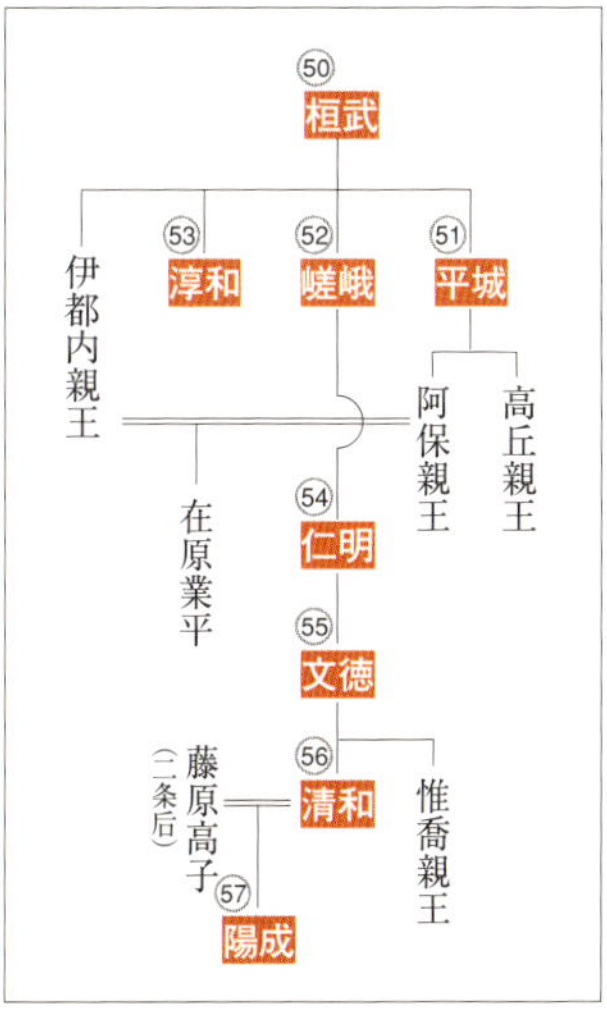

在原業平系図

十輪寺の塩竈（復元）

十輪寺　文徳天皇の皇后・染殿后（藤原明子）の皇子誕生を祈願し、清和天皇が誕生したことから勅願所となる。今も子授け・安産祈願の寺として知られる

十輪寺は東海道本線（JR京都線）「向日町駅」または阪急京都線「東向日駅」から阪急バス66系統で「小塩」バス停下車徒歩約2分。大原野神社は同駅から阪急バス65系統で終点「南春日町」バス停下車徒歩約8分

彼の青壮年期は、藤原良房を筆頭とする藤原北家が隆盛の波に乗り始めた頃であり、業平は最終的に死去の直前には右近衛権《ごんの》中将《ちゅうじょう》となり蔵人頭《くろうどのとう》まで兼務したものの、長い間不遇をかこち、政界のアウトサイダーだった。

●「色好み」という心の才能

業平は紀名虎《きのなとら》の子・有常《ありつね》の娘を妻としたが、同じく名虎の娘・静子が文徳天皇との間に生んだ惟喬《これたか》親王と親交を結んでいた。惟喬親王は藤原良房を外祖父にもつ異母弟・惟仁親王が皇位についたため（清和天皇）、不遇の身となっていた。そんな親王と業平との交歓は、藤原氏全盛の世に背を向け、数奇の世界に浸る『伊勢物語』の業平像を作った一因ともいえよう。

『日本三代実録』（九〇一年成立）に、業平について「体貌閑麗　放縦拘《かかは》ラズ　略《ほ》ボ才学無ク　善ク倭歌《わか》チ作ル」とある。美しい容貌だが行動が気まま、官人としての才はなく、和歌を作るのに長けていた、という。

当時の官人にとって漢詩文は必須の教養だった。ところが業平はその才を持たず、私的な場面で詠まれる和歌を得意とした（六歌仙の一人とされる）というのだから、業平は政界での栄達よりも、歌の世界に生き、私生活に満足を得ることを望んだと思われる。これが業平を指して「色好み」と称する所以であろう。

色好み――歌によって相手の心を揺さぶる恋愛の勝者。その姿は歌に生きる「みやび」を体現する理想的な男性像であり、やがて光源氏へも継承されてゆく。

色好みの様相は「歌語り」にとって恰好の話題であり、巷間の語りのなかで、在原業平という個人から、色好みの体現者＝『伊勢物語』の主人公へと昇華されていった。

業平はプレイボーイといわれるが、物語のすべてが業平自身の事跡だとしたら、到底身が持つまい。それほど『伊勢物語』には多様な恋の物語が散りばめられている。

其ノ参

『伊勢』を彩る恋とみやび

——そして物語世界へ

❖心、千々に乱れて

●一段●「初冠《ういこうぶり》」

●一二五段●「つひにゆく道」

昔男の一代記である『伊勢物語』は、男子の成人儀礼である元服（初冠）をする章段から、死を目前にした章段までが描かれる。

元服したばかりの男は、奈良の春日野というういかにも初々しさを感じる遊興の地で、思いがけず美しい姉妹を垣間見る。

心の惑乱を抑えきれない男は着ている狩衣の裾を切り、詠んだ歌を贈った。「春日野の若むらさきのすりごろもしのぶの乱れかぎりしられず」。これについて語り手は「昔人はいちはやきみやびをなむしける」と語る。昔の人は思いにまかせて「みやび」な行動をした、というのである。

ここでの「みやび」は単に洗練された言動というより、乱れた心を歌という秩序の世界に収めて相手に伝える行為であり、この「みやび」こそ『伊勢物語』全体にわたる主題だった（参考：秋山虔『王朝の文学空間』［東京大学出版会］）。

最終章の一二五段で死におびえる男も「つひにゆく道とはかねて聞きしかどきのふけふとは思はざりしを」と詠む。死への動揺を、歌によって制御しえた、そんな印象がある。

大原野神社　長岡京遷都の際に奈良の春日大社を勧請。春日大社同様、藤原氏祖神として篤い信仰を受けた。朝廷の尊崇も篤く、平安時代には数多くの行幸、御幸があった

❖盗む恋に燃やす情熱

●三段●「ひじき藻」
●四段●「西の対」
●五段●「関守」
●六段●「芥河」
●六五段●「在原なりける男」
●七六段●「小塩の山」　など

業平と二条后《にじょうのきさき》との熱烈な恋は『伊勢物語』をせつなく華やかに盛り上げる。

清和天皇の皇后となった二条后――藤原高《たかい》子《こ》は実際は業平より十七歳も年少で、恋愛の事実があったかは疑問だが、輿入れ前の深窓の令嬢に密通し、その兄たちである藤原基経らが仲を引き裂くというストーリーはいつの世も読者をときめかせる。特に六段は劇的で、女を背負って逃げる男が、芥河のほとりにて「鬼に喰われる」という表現で兄たちに女を取り戻されてしまう。足ずりをして嘆く男。思い返すのは、逃げる途中に草の上の露を見て「あれはなあに？」と問いかける幼い恋人のあどけない声。男は心乱れつつ詠む、「白玉か何ぞと人の問ひし時つゆとこたへて消えなましものを」。

六五段ではあまりに恋い慕う男に、二条后は「身も滅んでしまうでしょう、もうこんなことしないで」と訴え、男は「恋せじ」というお祓いまでするが、思いは募るばかり。やがて帝の知るところとなり、男は流罪、女は蔵に閉じこめられる。蔵の外で女に向かって歌をうたう男の声は、これ以上ない哀切なものだった。

小塩山のふもと、大原野神社は、かつての激しい恋を二人が追憶した場所。七六段で二条后が大原野神社に参詣に訪れた際、もう中年となった男は歌を奉った。「大原や小塩の山も今日こそは神代のこともおもひいづらめ」――あの頃の恋を、思い出しませんか、と。熱い思いももう、神代の昔のことになったのだろうか。

芥川　大阪府高槻市内を流れ、淀川にそそぐ。「芥河」はこの他、御所内を流れる塵芥を流す川、架空の川とも言われる

❖男心をつなぎとめたもの

●二三段●「筒井筒」

水音ちょろちょろと響く井戸のまわりで生まれた、小さく秘めた幼い恋。二三段には、井桁に背くらべをして遊んだ幼なじみの男女の恋と苦悩が描かれる。

年頃になってお互い「この人以外に誰と結ばれよう」と思い、そして願いどおり結婚する。ところが女の親が亡くなると、二人の暮らし向きが傾き始めた。そこで男は河内国高安郡《たかやすのこおり》に住む裕福な女のもとに通い始める。貧しい妻は引き止める手だてなく、夫を送り出したあと「風吹けば沖つしら浪たつた山夜半《よは》にや君がひとりこゆらむ」と詠むのだった。

実は隠れてその歌を聞いていた男は、「かぎりなくかなし」――たまらなく愛おしい、と思い、河内には行かなくなった。

奈良県天理市の在原神社には二人が遊んだという筒井が残されている。この神社は業平の父・阿保親王が建立した在原寺の後身で、業平は幼い頃ここで過ごしたと伝わる。

この話は業平自身の話ではなさそうだが、山辺の道が通る背後の山々とのどかな田園風景は、筒井筒の鄙びた世界を思い起こさせる。

在原神社の筒井筒　男は「筒井筒　井筒にかけし　まろがたけ　過ぎにけらしな　妹見ざる間に」と幼なじみの女への想いを詠んだ。謡曲「井筒」の舞台としても知られる

在原神社はJR桜井線「櫟本駅」から徒歩約10分

神をも畏れぬ秘恋

- ●六九段●「狩の使」
- ●七二段●「大淀の松」
- ●一〇二段●「世のうきこと」
- ●一〇四段●「賀茂の祭」　など

六九段には、神の嫁である伊勢の斎宮との禁忌の恋が、夜の朧にけむる幽玄世界のなかに描かれる。

男は狩の使として伊勢に下り、斎宮に篤いもてなしを受けているうちに恋心を抱く。実は女もとっくに惚れていた。ある夜人々が寝静まった頃、眠れずにいた男が外の方を見ながら伏せていると、おぼろ月夜のなかに小さな童女が立ち、そのうしろに斎宮が佇んでいた。喜んだ男はさっそく寝室に引き入れるが、なにもないまま女は帰ってしまった。男は夢かうつつかわからないまま、悲嘆にくれる。どうにもならない思いは女も同じで、翌朝女から送った歌は「君や来しわれやゆきけむおもほえず夢かうつつか寝てかさめてか」――あなたが来たの？　私が訪ねたの？　これは夢？　現実？

二人はなんとかもう一度逢おうとするが、かなわなかった。史実としては、この伊勢の斎宮は文徳天皇の第二皇女・恬子《やすこ》内親王とされるが、業平が狩の使として伊勢に向かったという記録はない。

三重県多気《たき》郡《ぐん》明和《めいわ》町《ちょう》では斎宮の宮殿跡が発掘されつつあり、その成果を斎宮歴史博物館で見ることができる。近くの大淀港には、斎宮が業平を見送ったという「業平松」があり、かなわぬ恋にすすり泣く業平の影のように、潮風を受けて佇んでいる。

知る人ぞ知る　業平の墓

業平が没したとされる大原野には業平の供養塔があるが（十輪寺）、市中には業平の墓といわれる塚がある。左京区吉田山山頂、竹中稲荷社の背後の林の中にひっそりと座る「業平塚」だ。伝説では業平の遺言によって作られたと言われ、室町時代の記録ではそこに業平の遺骸をおさめ、廟を作ったという。今は五輪塔の頭部と数個の石のみが残り、訪れる人もなく、無常感を漂わせている。

『伊勢物語絵巻』第六九段「狩の使」 狩の使とは、宮中の宴会用の野鳥をとらせるために、諸国に遣わした勅使のこと。上の場面は、朧月夜のなか女童を従えた斎宮が、忍んで業平の寝所を訪ねてきたところ

業平松　大淀港に接した業平公園に、兄・行平の松と並んで植えられている。現在は三代目。七二段「大淀の松」の舞台とされる

在原神社　光明皇后開創の本光明寺を阿保親王が現在地に遷し、本光明山補陀落院在原寺としたのが始まり。明治の廃仏毀釈で廃寺となったのち、境内の鎮守社を在原神社とした

斎宮歴史博物館は近鉄山田線「斎宮駅」下車徒歩約15分

❖旅にさすらう貴公子

- 七段●「かへる浪」
- 八段●「浅間の嶽」
- 九段●「東下り」
- 一四段●「くたかけ」
- 六三段●「つくも髪」

もう京にはいられない――業平とおぼしき男は三河国八橋、駿河国宇津の山、富士山のふもと、そして隅田川へと漂泊の旅を続ける。相変わらず言葉の少ない語り手なので、その原因として、「身をえうなきものに思ひなして」――わが身を無用のものだと思って東国へ下ると書かれるのみだが、多くの読者は二条后とのスキャンダルを思い浮かべるだろう。

日本武尊や光源氏など、貴公子が都から遠く流れゆく話型を折口信夫《しのぶ》は「貴種流離譚」と称したが、この東下《あずまくだ》りもその典型と考えられている。京から遠く離れるにつれ、男の京に対する思い、京に残した女性への思いが激しく積み重なり、「名にし負はばいざ言問はむ都鳥わが思ふ人はありやなしやと」と歌に詠み、周囲の涙を誘った。

だが、地方に下っても男の色好みは止まない。一四段では情趣に欠けた鄙の女に強く言い寄られると、やはり応じてしまう。六三段「つくも髪」で白髪の老婆の求愛に応える話とともに、色好みの面目躍如といった場面である。

紫野の雲林院に現れる業平の霊

『伊勢物語』愛読者にとって、実にうらやましい男がいる。世阿弥作と伝える能「雲林院」に出てくる「摂津国芦屋の里の公光」がその人。『伊勢物語』が好きで好きで、ある時、業平と二条后が紫野の雲林院に佇む夢を見る。不思議な思いにかられ雲林院を訪ねると、そこでまた見た夢に、業平が現れる。業平は芥河の段の秘事を教え、序の舞を舞いつつ「昔男のいにしへ」を語り聞かせるのだった。

惟喬親王との交流

- 八二段　「渚の院」
- 八三段　「小野」
- 八五段　「目離れせぬ雪」

皇位継承争いに敗れた惟喬親王のもとに集まってくるのは、同じく体制に疎外された風流人たちだった。業平もその一人。八二段には、親王が風流人と連れ立って交野《かたの》に狩にゆく場面が描かれる。この人々は大して狩もせず、渚の院という親王の別荘で酒をあおっては、歌を詠み合った。公の文芸である漢詩ではなく、和歌を交歓の具とするあたりがアウトサイダーらしい。男は桜の枝を髪に飾って詠むには、「世の中にたえて桜のなかりせば春の心はのどけからまし」。桜に心悩ませる、というが、なんと長閑な春の一日か。

惟喬親王墓　業平が訪れた惟喬親王の小野の庵室は上高野から八瀬のあたりとされているが、親王の墓と伝える墓所はそれよりかなり北の大原にある

渚の院跡　惟喬親王の死から38年後、船から渚の院を遠望した紀貫之が『土佐日記』にその荒廃の様子を伝える。観音寺として復興したが、明治の廃仏毀釈で鐘楼と梵鐘を残すのみとなった

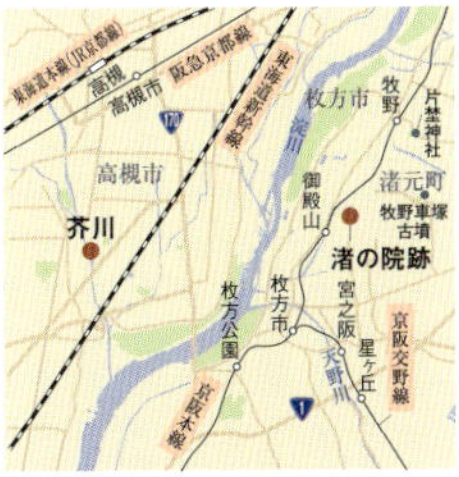

渚の院跡は京阪本線「御殿山駅」から徒歩約8分

惟喬親王墓はJR「京都駅」から京都バス大原行き「野村別れ」バス停下車徒歩約10分

渚の院跡が大阪・枚方市の淀川沿いに残る。「渚」というだけあって、かつては淀川の大きなくねりにできた洲が海の砂浜のように広がっていたが、現在はゴルフ場の緑が川縁まで続いている。かつて淀川を行き交う舟からも望むことができた渚の院は、いまその石碑のみが住宅地のなかに埋もれる。渚の院の後身といわれる観音寺（廃寺）の梵鐘が目印で、近年『伊勢物語』にちなんで桜が植えられた。業平の頃とは景色も一変したが、鐘楼にもたれて桜をながめていると、遠い日の春陽が想像される。

その惟喬親王も八三段「小野」では出家し、比叡山のふもと、小野に寂しく隠棲する。業平は年賀の挨拶に雪深い庵を訪ね、過ぎし日の交歓を懐かしく語り合っていたが、夕暮れは容赦なく訪れる。「忘れては夢かとぞ思ふおもひきや雪ふみわけて君を見むとは」――春が似合うあなたに、雪をかき分けて逢いにこようとは……。無常の思いが雪のように業平の心に降りつもるのだった。

業平は海上安全守護の神？

吉田兼好の『徒然草』六七段に「賀茂の岩本、橋本は、業平、実方なり」とある。つまり上賀茂神社の摂社・岩本社は業平を、橋本社は藤原実方を祀るという。岩本社は現在、境内を流れる御手洗川の左岸の岩の上にあり、祭神に業平の名はなく、海上安全守護の神となっている。一方、古くからこの岩本社とよく間違えられたという橋本社は、和歌・芸能の守護神。業平が祭神という岩本社こそ、もとは和歌の神であったのかもしれない。

阿仏尼が彫った在原業平像

建仁寺の鎮守として建立されたという恵美須神社。通称えべっさんと呼ばれるこの神社の片隅に、岩本稲荷神社という摂社がある。見たところ普通のお稲荷さんだが、伝え聞くところによると、ここのご神体は、鎌倉期に『十六夜日記』を記した阿仏尼が彫ったという、在原業平像。確認するすべはないが、上賀茂神社の岩本社同様、岩本稲荷も業平、つまり和歌の神を祀っているのは確かなようだ。

『伊勢物語』の成立と展開

山本登朗

一　成立と成長——『古今集』との関係

▼『伊勢』と『古今』、どちらが先か

『伊勢物語』は、『源氏物語』と並んで、日本の古典文学の中でも大変人気のある作品です。人気はありますが、よくわからないことも多い。特にわからないのが、作者はだれなのか、成立年代はいつなのか、ということです。これは『伊勢物語』だけに限らず、平安時代の物語のほとんどは、『源氏物語』のような特別なものを除くと作者不明なのですが、なかでも『伊勢物語』は、作者がわからないだけでなく成立の事情が複雑で、よくわからないことが多いのです。けれども、手がかりがないわけではない。その一番大きな手がかりになる作品が『古今和歌集』です。

『古今集』には、仮名《かな》序と真名《まな》序という二つの序文がついていて、その序文に延喜五年（九〇五年）にできたと明記してあります。本当に延喜五年に完成したのかどうかについては問題もあるのですが、現在は、延喜五年にひとまず完成して、その後、一度作り直された、というのが定説になっています。

その『古今集』と『伊勢物語』には共通した歌がたくさん含まれています。『伊勢物語』の歌が『古今集』に出ているし、『古今集』の歌が『伊勢物語』に出ている。したがって、どちらが先なのかということが問題になってくるわけです。なかでも、次のようなケースが昔から問題にされてきました。大変有名な『伊勢物語』の四段です。

昔、東《ひんがし》の五条に大后《おほきさい》の宮おはしましけ

山本登朗（やまもと　とくろう）
関西大学教授。京都大学大学院文学研究科博士課程修了。専門は中古文学。和歌、漢詩、物語など幅広い分野を多様な視点から考察し、特に『伊勢物語』については、享受史、注釈史をもふまえた新しい読みの可能性を探究する。主な著書に『日本漢詩人選集1・菅原道真』（共著・研文出版）、『平安文学研究ハンドブック』（共著・和泉書院）、『伊勢物語論　文体・主題・享受』（笠間書院）など。

る、西の対《たい》に住む人ありけり。それを、本《ほ》意《い》にはあらでこころざし深かりける人、ゆきとぶらひけるを、睦月《むつき》の十日ばかりのほどに、ほかにかくれにけり。ありどころは聞けど、人の行き通ふべきところにもあらざりければ、なほ憂《う》しと思ひつつなむありける。またの年の睦月《むつき》に、梅《むめ》の花ざかりに、去年《こぞ》を恋ひて行きて、立ちて見、ゐて見、見れど、去年に似るべくもあらず。うち泣きて、あばらなる板敷《いたじき》に月のかたぶくまで伏せりて、去年を思ひ出でてよめる、

　月やあらぬ春や昔の春ならぬ
　わが身ひとつはもとの身にして

とよみて、夜《よ》のほのぼのと明くるに、泣く〱帰りにけり。

（『伊勢物語』四段）

身分の高い女性のところに主人公が通っていた。ところが、その女性が突然いなくなった。翌年の春に、もうだれも住んでいないところへ主人公が訪ねて行って、歌を詠んで泣きながら帰ってゆく。簡単に言えばそういう話ですが、同じ歌が『古今集』巻十五の巻頭におさめられていて、その詞書が、『伊勢物語』の文章ととてもよく似ているのです。

　五条の后《きさい》の宮の西の対《たい》に住みける人に、本意《ほい》にはあらでもの言ひわたりけるを、睦《む》月《つき》の十日あまりになむ、ほかへ隠れにける。あり所は聞きけれど、えものも言はで、またの年の春、梅の花さかりに、月のおもしろかりける夜《よ》、去年《こぞ》を恋ひて、かの西の対に行きて、月のかたぶくまで、あばらなる板敷《いたじき》に伏せりてよめる

在原業平朝臣

　月やあらぬ春や昔の春ならぬ
　わが身ひとつはもとの身にして

（『古今和歌集』巻十五・恋五・七四七）

『古今集』ですから、こちらは詞書と和歌の形に整えてあります。一方の『伊勢物語』の方は物語の文章になっています。しかし大変よく似ている。ここまで似ていると偶然とはとても言えない。必ず何か関係があるにちがいない。そこで、『伊勢物語』がまず作られて、それをもとに『古今集』の詞書が作られたのか、それとも『古今集』がまず書かれて、その詞書をもとに『伊勢物語』の四段が作られたのか、この二つの考えがかつては対立していました。文章を比べると少しずつ違う。そこを問題にしてどっちが先だと議論されてきたわけですが、文章そのものを比べても決着はつかなかった。しかし、そうではない、別の側面から、最近は一つの方向に、ほぼ決着がついています。

それはどういうことかと言うと、『古今集』という作品の内部の問題なのです。『古今集』は最初の勅撰和歌集ですからお手本もなしに作られたのですが、非常に整った形になっている。例えば、作者名をどう書くか、どんな人に「朝臣《あそん》」という呼称をつけるかといった書式、あるいは歌の配列、そういうものがきちんと行き届いてほぼ例外なく整えられている。詞書にもきまりがあるようで、まず短い詞書が多い。それから途中で文が切れず、一文で書かれている。ほかにもいろいろあるのですが、そういう大体のきまりがあります。

ところが、『古今集』は歌が千首程度あるのですが、その中に十首ほど、大きな例外になる、とてつもなく長い詞書があるのです。先に見ました詞書はその例外の一つです。もっと短く書こうと思えば書けるわけです。通っていた女性がどこかへ行ってしまった後、その旧宅を訪ねて詠んだ、それだけ言えばいいわけです。ところが大変長い。しかも、こういう例外的に長い詞書のほとんどが『伊勢物語』の文章と共通しています。そうすると、どうして『伊勢物語』と共通している部分だけ『古今集』の詞書がそんなに長いのか、その理由が説明できないと『古今集』の成り立ちそのものが説明できなくなります。

それを説明するためには、『伊勢物語』の方が先に存在していたのだと考えざるを得ません。『伊勢物語』の文章を大切に考えて、和歌だけでなく文章もできるだけ残したいと、『古今集』の編者の代表である紀貫之は考えたのではないか。あえて法則を破ってまで『伊勢物語』の文章をできるだけそのまま入れた、その結果、そういう部分が例外的に長くなったのだろう、と今は大体そう思われている。私もそう思っています。

もう少し具体的に見ますと、詞書の三行目「睦月の十日あまりになむ、ほかへ隠れにける。」と句点で文が切れています。一文ではない。それから「なむ〜ける」という係り結びが使われている。この「なむ」という係助詞は『古今集』の詞書には普通は使いません。物語によく使うもので『伊勢物語』にはたくさん出てきます。その「なむ」を用いた詞書が例外的に出てくる部分がいくつかあって、それがほとんど『伊勢物語』と重なる部分なのです。他にもいろいろあるのですが、そういうことで、延喜五年（九〇五）には既に『伊勢物語』は書かれていたということが、今では定説になっているわけです。

ただ、そういうふうに言えるのは『古今集』に非常に長い詞書が出てくる部分だけですから、四段、五段、九段、六十九段、八十二段、これでほとんどすべてです。今読みましたのは四段ですが、五段も二条后の話、九段は東下り、六十九段は伊勢斎宮の話、八十二段は惟喬《これたか》親王の話です。ご存じのように、『伊勢物語』のエッセンスのような話が多いのですが、そういう段に関しては、『古今集』以前に既にもう書かれていた、ということが大体わかってまいります。九〇五年にできていたということは、十世紀の初めにはあったわけですから、九世紀の終わりごろに書かれたかということになります。『伊勢物語』の主人公のモデルであり和歌の作者である在原業平は、元慶四年（八八〇）に五十六歳で亡くなりました。そうすると、だれが『伊勢物語』の最初の原型を作ったのかということになると、確証はないのですが、業平自身が書いたという可能性もかなり大きくなってくるわけです。

そういうことが一方でわかっておりますが、それでは『伊勢物語』は『古今集』より古いのか、九〇五年に『伊勢物語』は完成していたのかというと、実はそう簡単にはいかないのです。

▼『伊勢物語』の作者は一人ではない

次に『伊勢物語』の二十五段を読んでみます。あまり有名な段ではありませんが、私が好きな段のひとつです。

昔、男ありけり。逢はじとも言はざりける女の、さすがなりけるがもとに、言ひやりける、

秋の野に笹分《わ》けし朝の袖よりも
逢はで寝《ぬ》る夜ぞひちまさりける

色好みなる女、返し、

みるめなきわが身をうらと知らねばやかれなで海人《あま》の足たゆく来る

（『伊勢物語』二十五段）

こういう段です。わかりにくい段ですが、意味をとっていきますと、「逢はじとも言はざりける女」、逢うというのは結婚する、愛人になるということですから、あなたとはおつき合いをしませんとは言わなかった。だから男は、ちょっとこれはアタックするとい

いのではないかと思うわけですね。「女の、さすがなりけるがもとに、言ひやりける」、この「さすが」というのはなかなか難しい言葉ですが、「とはいうもののやはり」という意味です。つまり、あなたとは逢いませんよとは言わなかったのに、実際に逢いにいってみると、そうはいうもののやはり逢ってはくれなかったのですね。だから気があるのかないのか全然わからない。男としては困ってしまう、非常にやりにくい相手です。

　そういう女性のところに男性がこういう歌を送った。秋の野原の朝、袖で笹をかき分ける、そうすると朝露で——ここに「露」と書いていないのがみそなんです。これは業平の歌ですが、業平はそういうところが上手です。露とは書いていませんが、朝露で袖がぐっしょり濡れる。そんな袖よりも、あなたと逢わないで一人で寝る夜の袖の方がもっと濡れる。つまり「涙」と言っていないけれども、涙。露とも涙とも言っていませんが、朝露よりいまの私の涙の方がもっと袖をぬらす、つまり私は泣いていますと言っているのですね。

　主人公は、そういう歌を女性に贈った。その相手について、物語には「色好みなる女」と書いてあります。『伊勢物語』についての誤ったイメージがいくつかありますが、一番よく誤解されているのは在原業平は色好みだ、天下のプレイボーイだ、というものです。そういうふうに思っておられる方は多いと思うのですが、『伊勢物語』の中で主人公が色好みと呼ばれているのは二ヶ所だけです。「色好み」という言葉はいっぱい出てくるのですが、そう呼ばれているのは、ほとんどすべて女性なのです。やはりこれは、平安京という都会の文学なんですね。色好みの女性というのが大量に登場するのは、日本の文学史上これが初めてです。

　「色好み」というのは、現代語にとても訳しにくい言葉です。「恋愛経験が豊富だ」とか訳しますが、そんなふうに訳しても、ちっともおもしろくない。ともかく異性との恋愛にとても積極的で、あまり善良な女性じゃないかもしれないけれど、男性から見ると大変魅力的な女性なのでしょうね。だから主人公は夢中になる。『伊勢物語』の主人公がどういう性格かというと、色好みのような遊び人ではなく、一途でひたむき、思い込んだら一生懸命、そういうタイプです。『源氏物語』の光源氏にもちょっとそういうところがあります。色好みの女とひたむきな主人公の話は『伊勢物語』に多いのですが、その典型的な例がこの二十五段なのです。

さて、その色好みの女性はどんな返事をしたか。「みるめなき」は、いくら来ても逢いませんよ、「足たゆく来る」というのは、足がだるいのによく来ますね、という意味ですから、かなりひどい歌です。逢う気はありませんよ、という非常に冷たい歌なのです。

ところが、この二つの歌はおかしい。どういうふうにおかしいかといいますと、平安時代——平安時代だけではなく、おそらく江戸時代までそうだと思いますが——、和歌をもらったら必ず返事をします。これを贈答歌と言うのですが、和歌を贈答するときには、もらった歌の言葉なりイメージなりを使って返事をするものなのです。桜の歌をもらったら桜の歌を返す。ですからこの場合、相手の女性は「笹」とか「袖」とか「露」とか、そういう言葉を使って返事をするのが普通です。ところが、ここには共通する言葉が一切ない。だから、これはもともとは贈答歌ではない。だれかが無関係な歌を二つ結びつけて作ったフィクションだ、ということはすぐにわかります。そして、その証拠は、『古今集』にあるのです。

(題しらず)　業平朝臣

秋の野に笹分《わ》けし朝の袖よりも
逢はで来《こ》し夜ぞひちまさりける

小野小町

みるめなきわが身をうらと知らねばやかれなで海人《あま》の足たゆく来る

（『古今和歌集』巻十三・恋三・六二二〜六二三）

『古今集』では、この二首はたまたま隣合わせに並んだ題知らずの歌でした。男女のやりとりに見立ててわざと並べられているという説もありますが、もしそうだとしても、それは歌の配列方法の問題です。「題知らず」と書いて、その次の小野小町の歌には何も書いてありませんが、何も書いてなければ前の詞書や作者名が続くというのが『古今集』のならわしです。つまり、両方とも「題知らず」なのです。「返し」と書いてあれば返事の歌ですが、そうではなくたまたま『古今集』で隣合わせに並んだ。それを見ただれかが、これはいいな、これは使えるな、ということで利用して作ったのが『伊勢物語』の二十五段だ、ということは明白です。『伊勢物語』の二十五段は、間違いなく『古今集』よりも後に作られているのです。

だから、すべてが『古今集』以前に作られたのではない。こんなにはっきりわかる例は少ないのですが、『古今集』以後に、『古今集』その他をもとにして作られた段は『伊勢物語』には実は大変多い。むしろそちらの方がずっと多いのです。ですから『伊勢物語』は一度にできたのではない。『伊勢物語』の作者は一人ではないのです。何人いるかわかりませんが、複数の作者の手によって、『伊勢物語』は成立した、というよりも成長した、雪だるまが転がっていくうちにだんだん大きくなるように、新しい段が次々と作られてふえていった。そういうことが『古今集』と見くらべるとわかってくるのですが、その成長の問題はもう少し後に回して、では『伊勢物語』の最初の原型を書いたかもしれない業平、主人公のモデルで、『伊勢物語』

の古い段の歌の作者である在原業平とはどういう人なのか。四段の相手役で身分の高い女性、『伊勢物語』のヒロインの二条后はどういう人なのか、ということを考えてみたいと思います。

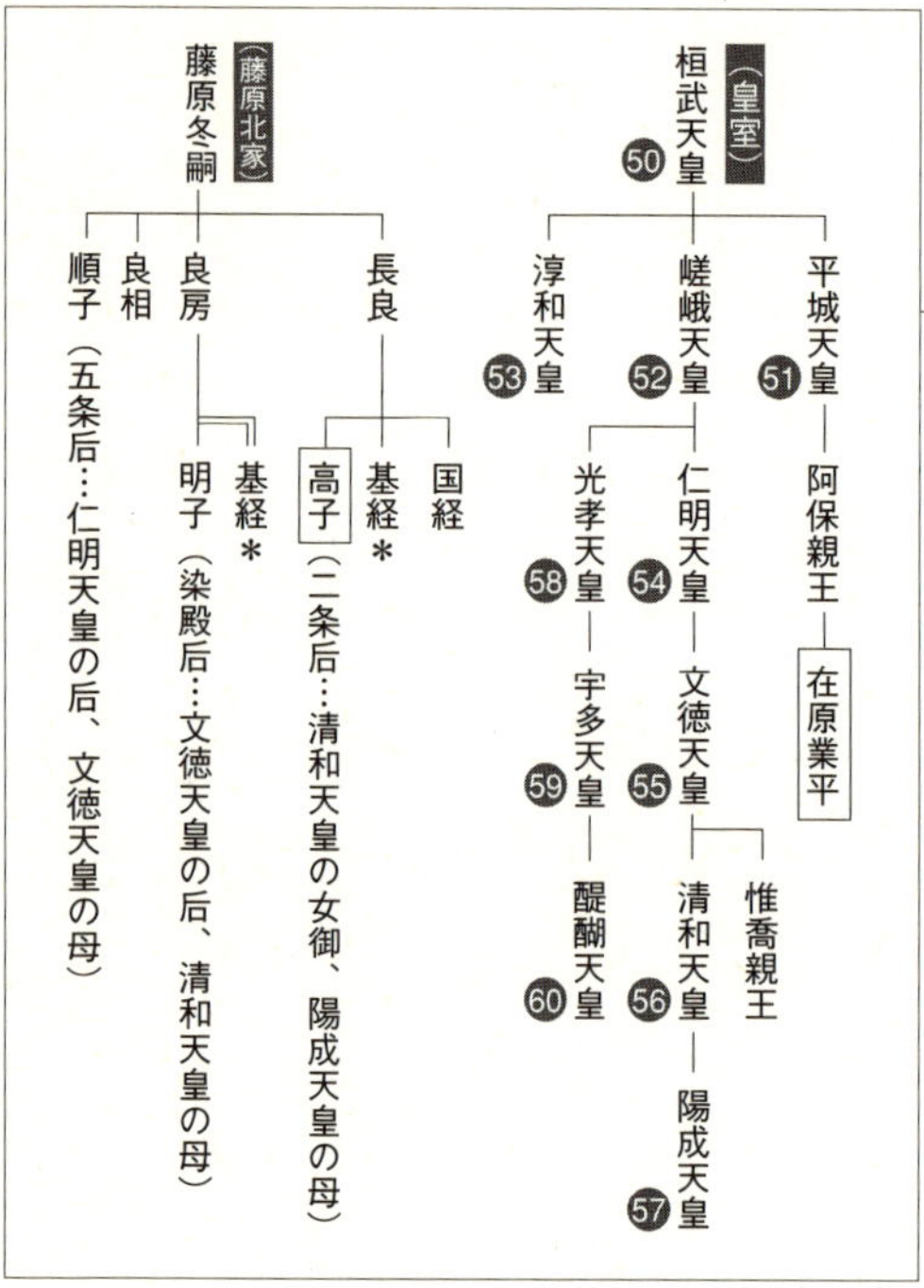

二　成立の背景——在原業平と二条后

▼皇室と藤原北家

　右に二つの系図を並べました。最初の皇室の系図を見ていただきますと、一番上が桓武天皇です。この人が延暦十三年（七九四）に平安京に都を移しました。桓武天皇には男の子がたくさんいて、三人の息子に、おまえたちは順番に天皇になれと遺言して亡くなった。この遺言がもとで後々いろいろと事件が起こるのですが、結果的には三人が順番に天皇になった。五十一代、五十二代、五十三代と書いてありますね。天皇にはなったのですが、平城天皇は天皇の位を弟に譲って上皇になってから、弟の嵯峨天皇とうまくいかなくなり、一種の内乱というかクーデターが起こる。これを薬子《くすこ》の乱と言うのですが、平城上皇が敗れて出家してしまう。そして、その孫が在原業平ですから、業平は複雑な事情を抱えて生まれてきたということになります。

　さて、その三人のうちの嵯峨天皇の子孫に皇位は継承されてゆきます。しかも仁明《にんみょう》天皇の後は、文徳《もんとく》、清和《せいわ》、陽成《ようぜい》、と直系の子孫に皇位は継承されてゆきます。左側の藤原北家の系図とあわせて見ていただくとわかりますが、この皇位継承には藤原北家が大変深くかかわっています。

　藤原冬嗣《ふゆつぐ》、この冬嗣の娘の順子《じゅんし》——何と読んだかわからないので仮に音読みで「じゅんし」と読んでおきますが——この人は五条后と呼ばれた人で、仁明天皇に入内して后になり、文徳天皇を生みました。冬嗣は文徳天皇のおじいさんになったわけですね。いわゆる外戚《がいせき》政治です。続いて、冬嗣の息子良房の娘の明子《あきらけいこ》——この人は仮名書きが残っていて「あきらけいこ」と呼んだことがわかるのですが——、この明子が文徳天皇に嫁ぎ、清和天皇を生む。良房は清和天皇の外祖父になったわけです。

そんなふうに、いわゆる外戚として藤原氏が政治力を強めていく。天皇家もずっとまっすぐ父から子へというふうに皇位が継承されていくわけですが、良房には男の子がいませんでした。そこで、早く亡くなった兄の長良の息子の基経が優秀だということで養子にします。ところが、基経にはこのとき入内《じゅだい》させる娘がいなかった。そこで登場するのが、基経の妹の高子《たかいこ》、この人が後の二条后というわけです。この人は清和天皇の女御になって、結果的に陽成天皇を生みます。基経は陽成天皇の祖父というわけにはいきませんが、おじさんになった。ところが、この高子には、いろいろとよくわからないことが多いのです。

▼二条后・高子をめぐる謎

左の略年譜を見ていきたいと思いますが、高子は承和九年（八四二）に誕生します。このとき業平は十八歳でした。つまり、この二人には十八の年の差がある。貞観元年（八五九）十一月に高子は宮中で五節《ごせち》の舞姫をつとめます。ちょっとしたデビューといったところかもしれませんが、このとき十八歳でした。十八歳というと平安時代ではもう立派な結婚適齢期です。むしろ遅めかもしれません。しかし、このときは入内しません。清和天皇がまだ十歳で元服していませんから、これはしようがない。清和天皇は貞観六年になって十五歳で元服します。光源氏などは元服の日に葵上と結婚しているのですから、元服したときにすぐ高子と結婚してもよかったのですが、まだしません。それで貞観八年になって入内をします。このとき高子はもう二十五歳、当時としては晩婚と言わざるを得ない。どうしてこんなに長い間入内しなかったのか、どうしてもっと早く宮中に入らないのか、というのが高子をめぐる謎の一つです。

どうしてこんなに長い間入内しなかったのか。どうも在原業平という男性の影があるのではないか、業平との恋愛があって入内が遅れたのではないかとか、いやそれは『伊勢物語』によって作られた虚構で、事実ではなかったとか、いろいろ言われています。事実がどうだったかはわからない。研究者の間でもさまざまに意見が分かれていまして、本当のところはわかりません。

■略年譜

承和九年	(八四二)	藤原高子誕生。業平十八歳。
嘉祥三年	(八五〇)	惟仁親王(清和天皇)誕生。
貞観元年	(八五九)	高子、五節の舞姫をつとめる。十八歳。
六年	(八六四)	清和天皇、元服。十五歳。
八年	(八六六)	高子、入内して女御になる。二十五歳。清和天皇十七歳。
十年	(八六八)	貞明親王(陽成天皇)誕生。
十八年	(八七六)	清和天皇、譲位。陽成天皇、即位。九歳。高子、皇太夫人。
元慶三年	(八七九)	業平、蔵人頭兼任(職事補任)。
四年	(八八〇)	業平没。五十六歳。
八年	(八八四)	陽成天皇、譲位。十七歳。光孝天皇、即位。
寛平八年	(八九六)	高子、皇太后の后位停止。東光寺善祐、伊豆国に左遷。
延喜十年	(九一〇)	高子没。六十九歳。

ともかく、貞観十八年（八七六）に、陽成天皇は九歳で即位しました。幼帝ですね。清和天皇は譲位後まもなく出家して仏道修行の生活をおくり、四年後に亡くなりました。ですから実際の政治は、バックにいる二条后・高子が行っていた、二条后政権と言ってもいいかと思います。ところが、高子とお兄さんの基経——基経が高子を宮中に送り込んだと言ってもいいわけですが——、この兄と妹の関係がうまくいかなくなります。これは性格の違いとか、政治の方針の違いとか、いろんなことを言われておりますが、うまくいかなくなる。基経は何度も宮中に行って天皇に意見を言ったり、いろんなことをしているのですが、最後には宮中に出てこなくなります。病気と称して自宅に閉じこもってしまう。実力者の基経がいわばストライキに入ってしまいますと、ほかの貴族もみんな出てこなくなる。追い込まれた陽成天皇はやむを得ず位を譲ることになります。このとき天皇は十七歳でしたが、陽成政権、二条后政権はあっけなく終わりを迎えることになります。これは大変不自然な、そして非常に突発的な譲位です。

では次にだれが天皇になるか、本当に困ったらしく、嵯峨天皇の子の源融という人が、私ももと皇族だから天皇になろうかと言ったけれども断られた、という話が残っています。結局、だれが天皇になったかと言いますと、五十八代、光孝天皇です。光孝天皇というのは陽成天皇から見れば、ひいおじいさんの弟です。ですから、いかに不自然な政権交代劇だったかということがおわかりいただけると思います。これは、だれも流罪にもなっていませんし、死んでもいませんので、何とかの乱とか変とかというふうには名前がつかないのですが、一種の無血クーデターといいますか、大変大きな政権交代だったと思います。二条后と陽成天皇はこの後もかなり長い間、無事に生活は続ける。けれども、敗北者というか危険人物というか、いろいろ睨まれるわけです。

　これまた事実がよくわからないのですが、高子は男性関係も奔放だったようで、天皇の母として皇太后、いわゆる皇太夫人になっていたのですが、寛平八年（八九六）にその后の位を取り上げられています。これは僧侶と密通したからだと言われています。高子が出家して住んでいた東光寺というお寺の僧・善祐が伊豆に左遷された――これは実際は流罪です。この人がどうやら相手だったようですが、事実はよくわかりません。高子は陽成政権崩壊後の天皇、宇多天皇、醍醐天皇といった人たちからは大変嫌われ危険視されていました。そして六十九歳で亡くなり、その後かなりたってから后の位が復活する。名誉を回復するわけです。そういうふうに、高子は負けた側なのです。負けた側というのは、大体歴史から抹殺されることが多い。歴史は勝った方が書くので、二条后の政権、陽成天皇の政権が実際どうだったのか、二条后が何をしたのか、というのはおそらく正しく伝わっていないことが多いでしょう。そのあたりが本当に謎に満ちているところです。

▼業平はどんな人だったか

　少し年代がさかのぼりますが、陽成天皇の時代になって、業平はどんどん出世しています。そして、元慶三年（八七九）、業平は蔵人頭になっています。これは『職事補任《しきじぶにん》』という書物にだけ出てくる。ほかの書物になぜ出てこないのかはわかりません。蔵人というのは天皇のおそば役で、蔵人頭はそのリーダー、つまり天皇の側近中の側近です。エリートコースの入り口みたいな官職ですから、業平はこの後とんとん拍子で二条后政権、陽成朝の重臣になるはずだったかと思われるのですが、その翌年に五十六歳で亡くなってしまうのですね。しかし、いいときに死んだと言えるかもしれません。その後の政変を知らずに死んでいったわけですから。

実在の業平がどんな人だったかを伝える唯一の資料が『三代実録』にあります。『三代実録』というのは、正式な名称は『日本三代実録』といって、三代の天皇の間のことを書いた歴史書です。三代というのは、清和天皇、陽成天皇、光孝天皇です。光孝天皇の時のことまで書いてあることからわかりますが、これは次の宇多天皇のときに作らせたものです。菅原道真が『日本三代実録』を作った五人の顔ぶれの一人でした。道真のことですから、おそらく中心になって仕事をしたのだろうと思いますが、『三代実録』が延喜元年に作られたときには、道真は突然、九州太宰府に左遷、つまり流罪になった後でした。ですから名前は出てきませんが、ひょっとすると次の言葉も道真が書いたのかもしれません。業平が亡くなった日の記事に付けられている、業平に対する人物批評です。これを「卒伝《しゅつでん》」と言っておりますが、こんなことが書いてあります。

業平体貌閑麗、放縦不レ拘、略無二才学一、善作二倭歌一。

（業平体貌《たいぼう》閑麗、放縦《ほうしょう》にして拘《かか》はらず、略《ほぼ》才学無し、善く倭歌《わか》を作る。）

（『三代実録』・元慶四年五月二十日・在原業平卒伝）

最初の「業平」というのは別ですから、四文字が四つで合計十六文字。「体貌閑麗」、大変ハンサムだったようです。ついでに言うと、体も大きかったようです。「放縦にして拘はらず」、つまり決まりを守らずやりたい放題ですね。これは決して褒め言葉ではない。「略無才学」、「略無」というのは全然だめということですから、勉強はまったくできない。勉強は嫌いできまりは守らない、大げさにいえば、とんでもない不良だということですから、かえって親近感を感じるような気もしますが、ただ、こういうふうに呼ばれているのは、これが宇多朝になって書かれた言葉だからかもしれません。あるいは菅原道真が書いたとしたら、道真はまじめな人ですから業平を嫌ってたでしょうね。ですからこのぐらい書きかねないと思いますが、それはわかりません。

ただ、「略才学無《ほぼ》し」と言われていますが、当時の学問というのは中国の本が読めるかどうかなのです。才学というのは政治向きの書物といいますか、四書五経——当時まだ四書はありませんが、そういう儒教の書物をちゃんと勉強しているかというと、業平はしなかった。それでは業平は中国の本を全然読んでいないかというと、業平の和歌には漢詩の影響が強い。中国の漢詩を勉強していることが、よくわかるんですね。今で言えば英語が上手で、外国の最新流行の文学を取り入れて大変モダンな作品を書く、そういう人だったと思っていい。ですから、決して中国語がだめだったとか漢籍に弱かったとは思いませんが、政治向きの才学は全然だめだったと、ここでは言われているわけです。ただ、和歌だけは「善作倭歌」、そういうふうに褒めてあります。なるほどこんな人だったのかなという気もしますが、さっき言いましたように、二条后政権が崩壊した後で書かれているわけなので、少し割り引いて考えなければならない。もし二条后や陽成天皇の時代がずっと続いていれば、違った書かれ方をしたのではないかという気もしないではありません。

▼「神代」というキーワード

では、二条后と業平はどういう関係だったのかということで申し上げたいことがあるのですが、それは「神代」という言葉です。これは私だけが考えていて、ほかの人は何もおっしゃっていないのですが、ちょっと気になっています。

二条后の、春宮《とうぐう》の御息所《みやすんどころ》と申しける時に、御屏風に、竜田川にもみぢ流れたる形《かた》を書けりけるを題にてよめる
素性《そせい》

もみぢ葉の流れてとまるみなとには紅《くれなゐ》深き浪や立つらむ

業平朝臣

ちはやぶる神代も聞かず竜田川から紅《くれなゐ》に水くくるとは

(『古今和歌集』・巻五・秋下・二九三〜二九四)

この業平の「ちはやぶる」の歌は、百人一首にも出てくる大変有名な歌です。詞書から見ていきますと、「二条の后」、つまり高子が「春宮の御息所と申しける時に」、これが『古今集』の詞書のきまり文句です。高子のことを、みんな呼び方に困ったのか、「春宮の御息所」と呼んだのですね。「春宮」は「東宮」と同じ意味です。春は東から来るということで、東西南北を春秋夏冬に当てはめる一種の戯《ざ》れ書きなのですが、当時はよく使いました。つまり、「春宮の御息所」とは、皇太子のお母さんの御息所ということです。御息所というのは、この場合は女御と同じような意味です。

そういうふうに呼ばれていた時、二条后が屏風を作った。作られた屏風に、竜田川に紅葉が流れているありさまが描いてあった。おそらく大和絵屏風で、青い水が流れて、その上に赤い紅葉がいっぱい散って、その紅葉と紅葉の間の細いすきまから下の水がちらちらと見えているような屏風だったと思いますが、それを題にして歌をよめと命じた。二条后は自分のまわりに歌人や書家をたくさん集めてサロンを作っていたようですが、この時は素性と業平が歌をよんでいます。

素性の歌も大変すばらしいのですが、今日は省略しまして、業平の歌を見てみます。二句切れです。「ちはやぶる」は枕詞であまり

意味はありません。「神代も聞かず」、神の時代にもこんなことは聞いたことがない。何を聞いたことがないかと言うと、竜田川の水を「くくる」というのは、くくり染め、絞り染めのことなんですね。私も小学校でやったことがありますが、ハンカチを糸で縛って染料にひたして、後で取り出して糸をほどいてみると縛った所だけ染め残っている、あの絞り染めです。紅葉と紅葉の間だけが赤ではなく、ギザギザの形で青色が残っている。竜田川が絞り染めになっているみたいだ、と言っているわけですね。水を絞り染めにするなんていうことはあり得ない、神様の時代にも聞いたことがない、という歌です。ここで「神代」という言葉を使っていますが、業平はこの言葉を、ここにわざと意図的に使っていると思うのです。

　それを考えるために、もう一首、業平の歌を読んでみます。

二条の后の、まだ春宮《とうぐう》の御息所《みやすんどころ》と申しける時、大原野に詣《まう》で給ひける日、よめる

業平朝臣

大原や小《を》塩《しほ》の山も今日こそは神代のことも思ひ出《い》づらめ

（『古今和歌集』・巻十七・雑上・八七一）

京都の西の郊外の大原野には、大原野神社という神社があります。これは『伊勢物語』の舞台として有名ですが、奈良の春日大社を移したものです。どうしてそんなところに春日神社を移したかというと、多分、長岡京のすぐそばだからです。大原野は、長岡京の西北の端に当たります。ですから、都が長岡に移ったときに藤原氏の氏神である春日大社をこちらへ持ってきたと考えられています。藤原氏の氏神ですから、藤原氏の女性が后妃になったときはここへ報告に行く、そういうならわしがだんだんできてまいります。この

ころはまだそういうことが始まったころですので、それほど盛大であったかどうかはわかりません。ともかく二条后はまだ后にはなっていませんが、生んだ子供が皇太子になった。ですから、次の天皇の母親は私だ、私が次の国母になるということが決まった段階で大原野神社に参詣したようです。その日に業平がよんだお祝いの歌が、この歌です。

　この歌の詞書から見て、おそらく業平は大原野にはついて行かなかった。自分は行かないで都に残っていて、祝福の歌を贈っているのだと思います。小塩山、現地では今「オジオヤマ」と呼んでおりますが、なかなか形のきれいな山、大原野神社の裏山です。その山も今日は神代のことを思い出していることでしょうね、という歌です。これもいろいろな解釈ができるのですが、今日のすばらしい盛大な行列、ご参詣を見て、大原野神社の神様も昔の神代のことをきっと思い出しておられるでしょうね、と言っているんだと思います。

「神代」という言葉は、調べてみると、このころの歌にはほとんど使われていません。なぜ業平は二回も「神代」と言うのか。これは、相手が二条后だからだと思うのです。

　神代というのは、当時の人にとっては『古事記』や『日本書紀』に出てくる神代、つまり天照大神や伊弉諾尊《いざなきのみこと》、伊弉冉尊《いざなみのみこと》、瓊瓊杵《ににぎの》尊《みこと》といった天皇家の祖先神の時代なのです。天皇家は『日本書紀』や『古事記』の神話があるから天皇家なので、つまり神代から続いているわけですね。業平は、次の天皇の母親である二条后を祝福するために、おそらく意図的に神代という言葉を使っているのだと思います。当時の人は『日本書紀』などよく知らなかったのではないかとお思いかもしれませんが、そんなことはありません。宮中では、約三十年に一度、『日本書紀』の講義がおこなわれていました。講義は何年も続いておこなわれ、終わったら宴会があって、そこでみんなが和歌をよむ。それを「日本《にほん》紀竟宴《ぎきょうえん》和歌《わか》」といって現在も残っています。だから、当時の人は『日本書紀』をよく知っていたと考えられるわけです。

一方の『古事記』は、当時あまり読まれていませんから、業平も『日本書紀』に出てくる神話を頭に置いて「神代」と言っていたことは間違いないでしょう。おそらく業平は二条后が次の天皇の母親になるということを念頭に置いて、神代にもこんなすばらしいことはなかった、あるいは今日の大原野神社参詣はまるで神代のようですね、という、祝福の歌をよんでいるのです。

『万葉集』の時代、柿本人麻呂は「大君は神にしませば天雲《あまぐも》の雷《いかづち》の上に廬《いほり》せるかも」とよんでいます。「大君は神にしませば」というのは、天皇を褒《ほ》めたたえる人麻呂の決まり文句です。大君、つまり天皇は神だと言っているんですね。在原業平は、かつて天武天皇や持統天皇の時に柿本人麻呂が果たした役割と同じような役割を二条后のためにおこなおうとした、そのつもりで、わざわざ「神代」という言葉を使って二条后をほめたたえたのではないか、私はそういうふうに思っています。このように、業平は、さまざまな形で二条后の側近だった可能性が大きい。若き日の恋愛が事実だったかどうかはよくわかりませんが、業平と二条后が非常に近い関係にあったことは間違いないと思います。

三 虚構の展開——大原野

▼『伊勢物語』七十六段の芸当

さて、ここでもう一度、『伊勢物語』の成長に話を戻したいと思います。実は私は京都の大原野に住んでいまして、大原野が大変好きなものですから、それで大原野にこだわっている、というわけではないのですが、さっきの大原野の話をさらに続けてゆきます。さきほどは『古今集』でしたが、今回は『伊勢物語』の七十六段を読んでみます。

昔、二条の后のまだ春宮の御息所と申しける時、氏神にまうで給ひけるに、近衛づかさにさぶらひける翁、人々の禄たまはるついでに、御車よりたまはりて、よみてたてまつりける

大原や小塩《をしほ》の山も今日こそは神代のことも思ひ出《い》づらめ

とて、心にもかなしとや思ひけむ、いかが思ひけむ、知らずかし。

（『伊勢物語』七十六段）

歌は先ほどの『古今集』の歌と同じです。しかし、設定は随分変わっています。さきほど、『古今集』の詞書を見る限り、業平は大原野神社にはお伴しなかった。自分は行かなかったけれども、お祝いの歌だけ贈ったのだと言いましたが、『伊勢物語』ではついて行ったことになっています。冒頭の「昔、二条の后のまだ春宮の御息所と申しける時」という言い方、これはさっき見ましたように、

『古今集』の詞書によく使われているきまり文句でした。ですから『古今集』をもとにしてこの七十六段が作られたということはたしかです。ですが、その内容は随分変わっています。

「氏神」、藤原氏の氏神である大原野神社にご参詣なさった。「近衛づかさにさぶらひける翁」、在原業平は近衛中将、近衛兵の将校といいますか、そういう官職についている。近衛府でお仕えしてきた翁が、「人々の禄たまはるついでに」、禄はごほうびです。今日はよくお伴したね、ご苦労ご苦労と言って、ごほうびを下さるんですね。ごほうびはたいてい布、あるいは衣服、もちろん絹です。大変上等なものでしょう。それを肩にかけていただいて何回かおじぎをする。くるっと回ってまたおじぎをしたりいろいろ作法がありまして、肩にかけたままさがるのです。それが禄というものですが、人々がごほうびをもらったついでに主人公ももらう。「御車」、つまり二条后の牛車から直接もらう。そして、そのときにお礼の歌をよむ。

これだけだと、場面設定は違いますが、歌の意味は変わらない。すばらしい華やかな参詣でございます、今日はおめでとうございますね、神様も昔を思い出しておられるでしょうね、とそれだけなのですが、『伊勢物語』がすごいのは、その後です。「とて、心にもかなしとや思ひけむ」、つまり、その翁は心の中で悲しいと思ったのだろうか、どう思ったのだろうか、語り手は知らない、と言うのです。この、どう思ったのだろうかとか、知らないとかいう、こういう言い方が非常に『伊勢物語』的なのです。『伊勢物語』にはこういう表現が多いのですね。心の中で悲しいと思ったのだろうか、知らない、と語り手は言っていますが、主人公はきっと悲しいと思ったのだろうな、と読者は思います。

では、どうして悲しいのか。それでもう一度この歌を読み直しますと、これは実は恋の歌ではないのか、ということに気がつきます。「神代のことも思ひ出づらめ」、昔のことを思い出しておられるのではないですか。私たちのかつての恋人時代、若かりしころの私とあなたの恋愛のことを、あなたはいま思い出しておられるのでしょう、と言っている。だから、この歌は二重の意味を持っているのですね。今日はおめでとうございます、すばらしいご参詣ですね、という意味と、それから、あなたも昔のことを思い出しているでしょうという意味と。今は向こうは春宮の御息所、自分は近衛府の翁でぺこぺこしている。だけど昔は恋人同士でしたねと言っている。それで、その歌を詠んで自分でも悲しいと思ったのだろうかと言うのですね。それを、どう思ったか知らないと突き放して言うのが、いかにも『伊勢物語』らしい語り口なのですが、そう言いながら、読者は、ああ、これは恋の歌なんだ、ということをはっきりと思い知るわけです。

つまり、歌の意味を読みかえているのです。もともとは恋の歌ではない。ただのお祝いの歌です。そこにもう一つの意味を読み加えているんですね。そういうふうに解釈し直す。和歌というのはいろんなふうに解釈できますから、それをしてみせているわけですね。それがこの『伊勢物語』七十六段の芸当なのです。当時の読者はこれをわかっていたと思います。たくさんの人が『古今集』を読んでいる。読んでいなくても、この歌は有名ですから知っている。業平が詠んだお祝いの歌だ、業平は大原野神社に行っていないはずだ、とわかっています。わかっていながら、七十六段を読んで、うまく作ったな、おもしろいフィクションだな、と感心しながら楽しんだと思います。当時の人はフィクションだとわかってそれを楽しんだ、その姿勢が『伊勢物語』を次第に大きく育てていったのだと思います。そういうふうにしてどんどんと新しい段が作られていった。七十六段も間違いなく『古今集』より後で作られた段だと思います。

▼『大和物語』の演出

次に挙げたのは『大和物語』の百六十一段の途中からの部分ですが、ここにも『伊勢物語』と同じ話が出てきます。しかし、『大和物語』の方がもっと演出が細かい。細か過ぎて嫌になるぐらいです。ちょっと読んでみますと、

…さて、后《きさい》の宮、春宮《とうぐう》の女御と聞こえて大原野にまうで給ひけり。御供に上達部《かんだちめ》・殿上人《てんじょうびと》、いと多くつかうまつりけり。在中将もつかうまつれり。御車のあたりに、なま暗きをりに立てりけり。御社《みやしろ》にて、おほかたの人々禄たまはりて後《のち》なりけり。御車のしりより、たてまつれる御単衣《ひとへ》の御衣《おんぞ》をかづけさせ給へりけり。在中将、たまはるままに、

大原や小塩の山も今日こそは神
代のことも思ひ出《い》づらめ

と、しのびやかに言ひけり。昔をおぼし出《い》でて、をかしとおぼしける。

（『大和物語』七十六段）

ここでは、上達部やら殿上人やら、身分の高い人々がたくさんお伴に来ています。「在中将」、これは主人公の在原業平のことです、業平もお供した。あたりが薄暗くなったころ、二条后の牛車の横に業平がふっと立っているんですね。この薄暗いというのが何かなまめかしいでしょう。そして『伊勢物語』ではみんながごほうびをもらうついでにもらっていたのですが、今回はごほうびをもらってみんなは自分の場所に帰った。だから牛車のまわりにあまり人がいない。そういう

ときに、牛車のうしろからごほうびをもらう。「たてまつれる」というのはお召しになっていたということです。「かづける」は肩にかける。つまり二条后が着ていた単衣を脱いで、それを下さったのです。着ていたものを脱いで与えるというのは大変じゃないかと思われるかもしれませんが、これは実際におこなわれていました。男性であれ女性であれ、自分が着ていたものを脱いでだれかに与えるというのはよくおこなわれた。実際に記録にも残っています。一人で脱ぐのは大変だったので、お伴が手伝って脱がせて結構大変だったようですけれども。

それはいいのですが、「御単衣」というのがすごい。単衣は一番下に着ている肌着です。お召しになっていた肌着を脱いでそれを肩にかけてやるのですからすごいですね。ちょっとやり過ぎじゃないかと思うぐらいです。そしてここでも、同じ歌をよむ。その歌を「しのびやかに言ひけり」ですから、これは完全に恋の歌になっています。そして二条后はこの歌を聞いて昔のことを思い出し「をかし」、おもしろいとお思いになった。おもしろいと訳すとちょっと変ですが、あのことを言っているんだな、昔のことを言っているんだな、というのでとても興味深く思われたと言うんですね。『大和物語』ではそこまで脚色が進んでまいりますが、先に言いましたように、業平は本当は大原野には来ていないと私は思っています。だけど、『伊勢物語』では来たことになった。『大和物語』ではさらにとんでもないことになった。ですから大原野の人はみんな、業平は大原野に来たと思っているのです。

大原野というのは、昔、大原野村と言いまして、非常にのどかなところでした。今でも昔の面影があちこちに残る、タイムカプセルのようなところですが、その大原野には業平伝説がたくさん伝えられています。大原野の人は、業平は二条后のお伴をしてここに来ただけではない、ここに住んで二条后を慕いつづけ、ここで死んだと言うんですね。大原野には、在原業平のお墓が二ヶ所もあります。一つは十輪寺というお寺にあって有名です。もう一つは、上羽《うえば》町というところにありますが、ここは個人のお宅の裏山の中にあるので、残念ながら自由に見ることはできません。

▼小町伝説

さて、最初に見た二十五段――『古今集』で隣合わせに並んでいた業平の歌と小町の歌を使って『伊勢物語』の二十五段が作られたと申しました。最初は、関係のない歌をうまくつないでお話を作ったなといって、人々は、感心したかどうかわかりませんが、フィクションを楽しんで読んでいたと思うのですが、だんだんとその事情がわからなくなってくる。後の人が『古今集』と『伊勢物語』をあわせて比べて読むと、どう思うか。この二人はやっぱり恋人だったんだ、ということになります。業平と小町は、小町の方が年上だと思いますが、重なる時期がありますから、お互いに知り合っていたかもしれません。ただ、恋人同士だったという証拠はどこにもありません。知り合っていたという痕跡もない。ただ、この『古今集』と『伊勢物語』二十五段によって、業平と小町は恋人だったという話が広まっていく。しかも小町にとって不幸だったことは、二十五段には「色好みなる女」と書いてあるのですね。これによって小町は、随分早い時期から、色好みの女として伝説化されていくのです。

本当の小町はどういう人だったか。宮中に仕え、業平と同じように中国の詩に詳しい――漢詩の表現をいっぱい和歌に取り入れていますから――知的な女性だったと思うのですが、そういうところはどこかへ行ってしまい、小町はとても色好みだったという、小町好色説話が形作られてくる。たくさんの男性が言い寄ったのに冷たくしたと——二十五段の女の歌も冷たいですね。だから、小町についてそういう説話ができる、その一つの引き金になったのが『伊勢物語』二十五段だっただろうと言われているわけです。

さて、ここで、『伊勢物語』がフィクションとして読まれたもう一つの例を挙げてみます。百六段です。

昔、男、親王《みこ》たちの逍遥《せうえう》し給ふ所にまうでて、竜田川のほとりにて

ちはやぶる神代も聞かず竜田川
から紅に水くくるとは

（『伊勢物語』百六段）

これがフィクションだということは、すぐおわかりになると思います。『古今集』巻五のところで見ましたが、実際は二条后に命じられて屏風を見てよんだ歌だったのに、ここでは現地に行ったことになっています。しかし、大変上手に作ってある。というのは、主人公が一人で竜田川に行ってよんだとは書いていない。だれかのお伴で行ったのですね。だれのお伴で行ったかというと、親王たちです。天皇のお子さんたちが行ったのです。皇族が行ったから「ちはやぶる神代も聞かず」なので、「神代」と皇族、天皇家が結びつけられているというのは、こういうことからもわかります。『伊勢物語』百六段も、そういうことをちゃんとわかった人が作っているのです。

当時、天皇や上皇が、例えば嵯峨野とか山崎だとかいろんなところにお出ましになる。そうすると、歌人や漢詩を作る人がおそばにお仕えして、詩や歌を作ります。そのときの一つのパターンとして、そこがいかに俗世間からかけ離れた神仙境であるか、ということを強調するわけです。ここは俗世間と全然違うすばらしいところですね、と褒めたたえ

て、帝がいらっしゃるところだから、それでさすがにすばらしいのですね、というのがパターンです。この歌も同じで、神仙境と言っているわけです。神代のようだ。水をくくり染めするなんて神様の時代にも聞いたことがない。さすが親王たちがいらっしゃるところは違いますね、と言っている。そういう歌に作り変えています。やはり親王のような皇族が出てこないとだめなので、ここも、「神代」という言葉が皇室と関係づけて使われていることをちゃんとわかっている人がこの段を作ったのだと思います。

当時の人は、この「ちはやぶる」の歌が屏風の歌だということを、おそらくはよく知っていたわけですね。それをわざとこういうふうにフィクションにして作る。読者もわかってそれを楽しむ。ああ、うまく作ったな、親王たちか、なるほどなと。そういうふうにして受け取られ、楽しまれていたと思います。

四 『伊勢物語』の成熟期――『源氏物語』へ

▼男同士の友情

さて、そうやって、虚構が虚構として楽しまれる、そんな雰囲気の中で『伊勢物語』が成長していくわけですが、いつごろまで成長し続けたのか。次に『伊勢物語』十一段を読んでみます。

昔、男、あづまへゆきけるに、友達どもに、道より言ひおこせける

忘るなよほどは雲居になりぬとも空ゆく月のめぐりあふまで

（『伊勢物語』十一段）

東下りの一節です。東下りをするときに、都へ残してきた友達に途中から贈った歌です。簡単に言ってしまえば、いつまでも忘れないでねと言っているわけですね。『伊勢物語』のテーマの一つに友情があります。『伊勢物語』は恋物語、男女の話ばかりだと思うと、そうじゃない。男性同士の友情、これは『伊勢物語』以前の日本の文学にはありませんでした。そんなことはない、『万葉集』だって友だちとみんなで春日野に行ったりして仲よくしているじゃないか、と言われるかもしれませんが、暇なときに一緒に春日野へ行っても、それは友情とは言わないのですね。今でも言わないと思います。

友情というのはもともと中国から入ってきた概念で、心が通いあっていて、不遇なときも、不幸なときにも、そばを離れない

でいてくれるのを友と言うんですね。そういう友情を『伊勢物語』は描きます。東下りだって一人じゃない。友達と一緒に行くのですから。普通、あんなときに一緒に行ってはくれません。けれども主人公には、ちゃんと同行してくれる友がいるのですね。この場合は、都に残した友達に歌を贈った。いかにも『伊勢物語』らしい段です。しかし、この歌の出典は実はわかっています。次の歌です。

橘の忠幹《ただもと》が人のむすめにしのびてもの言ひ侍りけるころ、遠き所にまかり侍るとて、この女のもとに言ひつかはしける

忘るなよほどは雲居になりぬとも空ゆく月のめぐりあふまで

（『拾遺和歌集』巻八・雑上・四七〇）

同じ歌ですね。橘忠幹という人がこっそり人の娘とつき合っていた。ところが、仕事の都合でしょうか、遠いところに行くのでしばらく逢えない。そこで、忘れないでねという歌を贈った、というんですね。恋の歌です。その恋の歌をだれかが『伊勢物語』らしい友情の歌に作り変えて、そうして十一段ができた。

▼『源氏物語』の方へ

橘忠幹という人は、九五〇年（天暦四）ごろに活躍したということが記録でわかっています。ほかに、成立時期がはっきりしない段はたくさんあるのですが、わかっている範囲で言えば、これが一番新しい段ということになります。ある人がこっそり人の娘に贈った歌が、次の日、『伊勢物語』に取り入れられるということはあり得ません。いい歌なのでだんだんうわさになって、そしてみんなが知るようになり、それをだれかが『伊勢物語』の中に入れたのですね。ですから九五〇年から十年後か十五年後かはわかりません

が、だんだん『源氏物語』が作られた西暦一〇〇〇年（長保二）ごろに近づいてくる。九五〇年をすぎてもなお『伊勢物語』はそうやって大きくなり続けていた、ということがこれでわかるわけです。

しかもこの場合も、しつこいようですけれども、これが橘忠幹の歌で、しかも女性に贈った歌だということはおそらくだれでも知っていたと思うんですね。それをあえて『伊勢物語』の十一段に作り直した。それをみんなわかっていて楽しむわけです。ああ、こういうふうにも作れるな、なるほどな、ということだったと思います。

そういうふうにして、だんだんと『源氏物語』に近づいてまいります。石田穣二氏がある本の中で、『伊勢物語』を小さなフィルムにして巨大なスクリーンに拡大投影すると『源氏物語』になるんだとおっしゃった。『伊勢物語』を大きくしたら、大体そのまま『源氏物語』になる、それはちょっと極論かもしれませんが、紫式部は『伊勢物語』を大変尊重して、大事にしていたのだと思います。光源氏と藤壺の話は、主人公と二条后の話と、ある意味でそっくりです。これは『伊勢物語』の六十五段を見ればよくわかるので、お読みいただければと思います。ほかにも『伊勢物語』と『源氏物語』の共通点は山のようにあります。そういうふうに『伊勢物語』の世界は『源氏物語』にそのままつながり、その後さらに、物語文学の豊かな歴史を生み出してゆくことになるのです。

そして、そんな『伊勢物語』そのものを、後の時代の日本人は、さまざまな形で読みつづけてきました。その人気は今も続いています。まだまだ謎の多い作品ですが、とても魅力のあるこの物語を、私はこれからも大切に読んでいきたい、考えていきたいと思っています。今回はその『伊勢物語』のごく一部だけしかご紹介できませんでしたが、ひとまずこれで終わることにします。

第二章——平清盛

「猛き入道大相国」

其ノ壱

水神の守護を得て

御落胤と囁かれた男

●暗き夜のうぶごえ

五月雨のそぼ降る祇園のあたり、お忍びの貴人は宵闇にまぎれて恋人のもとへ急いでいた。すると、通り道に見つけた一つの御堂。あやめも知らぬ闇のほど、その傍らに、なにやらキラリと光るものがある。銀の針のような頭、片手には槌のようなものを持ち、もう一方の手にはボウと光るなにか。

「あなおそろし。是はまことに鬼とおぼゆる」――怖れおののくこの貴人こそ、専制君主・白河院。

「あれを射殺せ！　切れ！」

院は供奉の者、下北面《しもほくめん》の武士・平忠盛に

平清盛画像『平家物語絵巻』巻第一　上「我身栄花の事」

命じた。この忠盛、剛胆かつ冷静、〝どうせ狐狸の類であろう、殺すのはちと酷〟とむんずとつかみかかると、やはりそれは物の怪ではなく、火を灯した土器と手瓶をもつ老法師。銀の針に見えたのは、雨に濡れた笠が、手許の炎にきらめいただけだった。白河院は「忠盛こそ思慮深けれ」と、院を待ちかねていた恋人・祇園女御※を忠盛に賜る。

しかし、この時点で女御は院の子を身ごもっていたといわれ、女御が生んだ忠盛の嫡子・清盛は、白河院の御落胤と囁かれるよう

※史実では、祇園女御の妹を賜ったと伝えられている

になった。

『平家物語』巻六にあるこの逸話は、伊勢出身の田舎侍の忠盛が、白河院の寵愛を受けてのし上がるその手腕を語ると同時に、後に強権をふるう清盛の出生の秘密を、五月雨のけぶる漆黒の闇にからませて浮かび上がらせている。

平清盛――闇と湿気を帯びたこの独裁者は、『平家物語』の強烈な「悪」の因子として、冒頭から語られ出す。

若一（にゃくいち）神社　清盛の西八条殿邸内にあった鎮守社と言われ、清盛像や祇王歌碑などが残る。西大路八条一帯は六波羅とともに平家一門の屋敷が建ち並び、『平家』の主要舞台となる

●昇り龍のごとく

「祇園精舎の鐘の声、諸行無常の響きあり。沙羅双樹の花の色、盛者必衰の理をあらはす。おごれる人も久しからず。唯春の夜の夢のごとし」

人口に膾炙した最初の一節はあまりにも美しい響きゆえ、せつないまでの無常観と残酷なまでの真実が、やわやわと立ち上がってくる。「おごれる人も久しからず」、その最大の例は六波羅の平清盛だ、と言う。

清盛の先祖は桓武天皇第五皇子葛原《かづらはらの》親王に遡るが、その孫高望《たかもちの》王が臣下に下ってからは諸国の受領に甘んじ、忠盛に至ってようやく昇殿が許された。元永元年（一一一八）に忠盛の嫡子として生まれた清盛は、保元・平治の乱の勲功によって異例のスピードで昇進を続け、仁安二年（一一六七）五十歳にして従一位・太政大臣に任ぜられる。これは二度の乱をともにくぐりぬけた後白河院の庇護もあったが、『平家』は暗に、清

若一神社はJR「京都駅」前から市バス208系統「西大路八条」下車、徒歩1分。またはJR京都線「西大路駅」から徒歩8分

盛が持つ「超人的属性」が、平家一門を黒い花のような栄華へと導いたことを示す。

　その一つの証として、常世の波の寄せる国・伊勢を出自とする清盛は水の神の力を得ていたことだ。安芸守在任中の熊野詣での途次、船に大きな鱸《すずき》がおどり入る。これは吉事と一同で食べ分けたところ、その後は龍が雲を抜けるような勢いで昇進したという。

　同じ頃、異形の老僧が「安芸の厳島神社を修理すると、位階は他に比肩なきものとなる」と予言する。父忠盛に引続いて瀬戸内海の海運を盛んにするべく画策していた清盛はこれを機に、海上守護の水神として一門をあげて厳島神社に崇敬を捧げた。

　しかし、繁栄を約束するのが水の神であれば、滅亡させるのもまた、水の神だった。平家が壇ノ浦で水底に沈んだのち、彼らは竜王の眷属《けんぞく》になったと言う。平家の運命は水神に握られていた、というのは過言だろうか。


厳島大明神は清盛の夢の中で語る。

「ただし悪行あらば、子孫まではかなふまじきぞ」

　これが予言でもあったかのように、平家は横暴の限りを尽くすようになってゆく。

　五十一歳で清盛が出家してからの十年間には、平家の権勢は圧倒的なものになっていた。清盛の義兄・

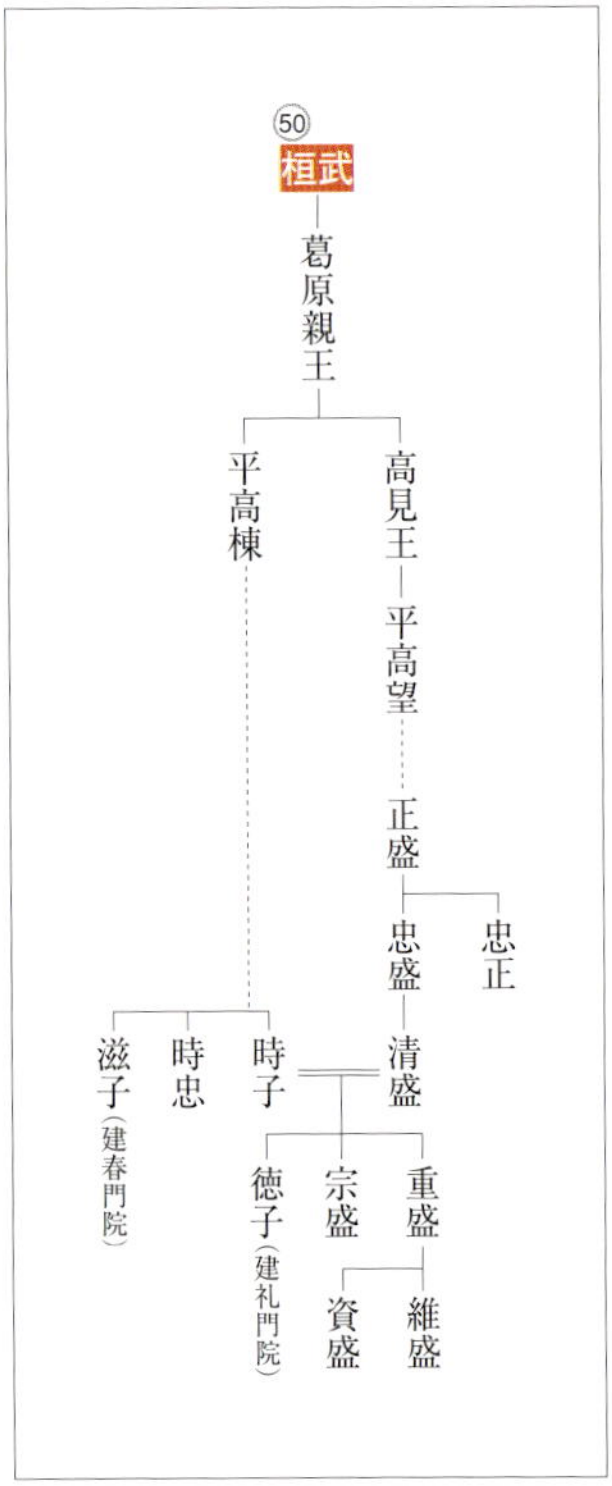

平清盛系図

厳島神社　社名は神が斎（いつ）き祀られる島という意味に由来し、宮島そのものがご神体とされる。平安期には安芸国一宮となり、平家によって社殿は荘厳を尽くした。美麗な巫女集団「内侍（ないし）」は都でも評判だった（撮影：中川道夫）

時忠が「此一門にあらざらむ人は、皆人非人なるべし」とうそぶいたのもこの頃。一門の公卿十余人、殿上人三十余人、衛府司《えふづかさ》など合わせて八十余人、まさに、我が世の春だった。人は権力を持てば持つほど、それを失うことを極度に怖れ、猜疑心の塊となる。清盛は「禿髪《かむろ》」という若者を市中に放ち、平家の悪口を言う者を探索させた。

嘉応二年（一一七〇）、清盛が孫・資盛《すけもり》と摂政・藤原基房とのいさかいを根にもって基房に対して無体な報復をするに至って『平家』は溜め息のように語る。

「これこそ平家の悪行のはじめなれ」

いよいよ清盛は高倉天皇に娘・徳子を入内させ、権勢の絶頂に立つ。

●人の心と栄えの花は

京都・奥嵯峨野。小倉山の裾野には情緒ある寺院が点在するが、なかでも祇王寺はいかにも世を捨てた都人が隠れ住むような、

『平家納経』提婆品（だいばぼん）見返し　国宝・平家納経は清盛が一門の繁栄と瀬戸内海の物流発展を祈念し、厳島神社に奉納した装飾経三十三巻。絵画、書跡、工芸など当時の最高水準を極める

小さな庵の風情がただよい、訪れる人々を静謐な心境へといざなう。

竹藪を抜け山門を入ると、楓、山桜、そして微光を放つ苔の庭。奥に茅葺きの庵がひっそりと控える。鎌倉期に往生院の内であったが、寺の荒廃後は尼寺として残った。境内の古い墓標が、ここは『平家』で清盛の冷酷な仕打ちを受けた女性たちが出家遁世した場所と伝えている。彼女たちの名前は祇王、仏御前。

女性芸能者「白拍子」の祇王は清盛の寵愛を受けていたが、自ら仲をとりもった新参の仏御前に寵愛が移り、清盛の邸宅・西八条殿を追い出される。仏御前のために祇王はまた呼び出され、舞を舞わされるという屈辱まで受ける。祇王は悲痛のあまり母親と妹の祇女とともに嵯峨野で出家を果たした。

ある夜、灯火のもと念仏を唱えていると、ほとほとと竹の編戸をたたく者がある。尼姿となった仏御前だった。仏は祇王が西八条殿の襖に書き残した「萌え出づるも枯るるも同

祇王寺　祇王・祇女、母刀自、仏御前、清盛の木像（鎌倉末期作）が安置される

小督（こごう）ゆかりの嵐山界隈　「祇王」の哀話と並んで有名な悲話「小督」ゆかりの小督塚がある。清盛は娘・徳子から高倉天皇の寵愛を奪った成範卿の娘・小督を暗殺しようとする。そこで逃げ隠れたのが嵯峨野・大堰川のほとり。小督の弾く琴の音で居所が知れた。『平家』における嵯峨野周辺は、哀切な空気が流れている

小督塚は京福嵐山本線「嵐山駅」から徒歩5分。祇王寺はJR「京都駅」前から京都バス61・62・71・72・81・90系統、または市バス28・91系統「嵯峨釈迦堂前」下車、徒歩15分

じ野辺の草いづれか秋（飽き）にあはで果つべき」という和歌を見て、我が身の無常を悟ったのだった。仏は言う。「娑婆の栄花は夢の夢、楽しみ栄えて何かせむ」。十七歳の仏御前の口から出たこの言葉は『平家』を貫く壮大な主題だった。清盛の非情を象徴する話として挿入されているが、盛者必衰という清盛の運命をも、静かに語っているようだ。

　この逸話は長く人々に愛され、いまも祇王寺を訪れる人は絶えない。

其ノ弐

人々の憎悪を背負って

いらだちと焦り

●幽閉された後白河院

京都・鹿ヶ谷《ししがたに》は東山主峰・如意ヶ嶽の西麓一帯を指し、人々の往来の多い哲学の道から山道に踏み込んで行くと、人声も絶えがちに、清冽な川音のみが響く。京ははるか下に見渡され、かつて背後には三井寺に通じる道もあった。なるほど、密談には恰好の場所だったにちがいない——。

　平家打倒の密議が繰り返されたとされる俊寛僧都の山荘は、この辺りにあった。藤原成親、平康頼、西光法師ほか大勢、ときには後白河院まで顔をそろえたという。ところが一味である多田蔵人行綱が清盛に密告。清盛、烈火のごとく怒り「当家かたぶけうどする、謀反のともがら、京中にみちみちたんなり」とすぐに兵を集め、一人ひとり捕縛し、西八条殿で尋問する。

　西光は西八条殿で拷問のうえ殺され、藤原成親

俊寛僧都忠誠之碑　鹿ヶ谷・御所ノ段町にある。具体的な山荘跡は不詳

は備前の児島に、平康頼、藤原成経、俊寛の三人は薩摩南方の鬼界ヶ島に流された。この鬼界ヶ島の描写は圧巻である。

「島のなかには、たかき山あり。鎮《とこしなへ》に火もゆ。硫黄と云ふ物みちみてり。(中略)いかづち常になりあがり、なりくだり、麓には雨しげし。一日片時人の命たえてあるべき様もなし」

まさに地獄絵図。『平家』はこの配流の人々の憎しみや哀しみに多くの筆をさき、清盛の専横のイメージを読者に強く植え付けている。

陰の首謀者と思われる後白河院は密議露見の情報を得ると、「こはされば何事ぞや」と、そらとぼけたと言う。

清盛は、保元の乱で命を投げ出して院をお守りした平家を、院がお見捨てになるわけはないと信じたかった。しかし今後も人々の讒訴を真に受け、平家追討の院宣を下さないとも限らない、という猜疑心に勝てず、院を幽閉しようと兵を集める。嫡子・重盛の諫言に一度は思いとどまるものの、清盛の疑念は解けることなく、重盛の死後、鳥羽殿に幽閉してしまった。のちに源頼朝をして「大天狗」と言わしめた後白河院は清盛にとってもやはり油断のできない人物だった。宮廷では専制をしいた院も、人の訪れぬ鳥羽の軟禁生活では「懐旧の御涙おさへがたし」というつらい日々を過ごした。

●臣下の身で都を遷す

治承四年(一一八〇)、老武者・源頼政は後白河院の第二皇子・以仁王《もちひとおう》の御所に参って、次のように囁いた。

「御謀反おこさせ給ひて、平家をほろぼし……君も位につかせ給ふべし」

頼政の謀反の理由は『平家物語』によれば、清盛の子・宗盛が頼政の嫡子・仲綱の愛馬を無理に召し上げ、さらに仲綱に恥辱を与えたためである。武士にとって馬は命であった。

以仁王の平家追討の令旨《りょうじ》に、頼政一門のみならず三井寺の僧兵も参集し、五月雨で増水した宇治川周辺で戦闘が始まる。数では平家が圧倒的に優っていたようだが、源氏方も奮戦する。特に秀逸なのは筒井の浄妙明秀の荒くれ法師ぶりである。「太刀をぬいてたたかふに、かたきは大勢なり、*くもで、*かくなは、*十文字、*とんぼうかへり、*水車、八方すかさずきッたりけり。やにはに八人きりふせ、九人にあたるかたきが甲《かぶと》の鉢に、あまりつようちあてて、目貫もとよりちやうど折れ、くッとぬけて、河へざンぶと入りにけり。たのむところは腰刀、ひとへに死なんとぞくるひける」

しかし勝利は平家に帰し、頼政、仲綱親子は討ち死に、以仁王は流れ矢に倒れた。

清盛は謀反に与した三井寺を焼き討ちし、翌六月、出家後に別宅を構えていた摂津・福原（現・神戸市）へ都を移してしまう。前代未聞の、臣下主導による遷都である。世間は大混乱となったが、権勢に逆らうすべもなく、人々は家を捨て、福原へと移り住んでいった。

同じ年の八月、今度は伊豆で源頼朝が挙兵した。頼朝は平治の乱で敗れた源義朝の三男。継母の命乞いを容れた清盛の決定で助命され、伊豆に流されていたのだから、清盛が蜂起に激怒したのも無理はない。孫

平等院・扇の芝　戦いに敗れた源頼政は「埋れ木の花咲くこともなかりしに身のなる果てぞ悲しかりける」と詠み、ここで軍扇を敷いて自害したと伝えられる。頼政は歌人として知られていた

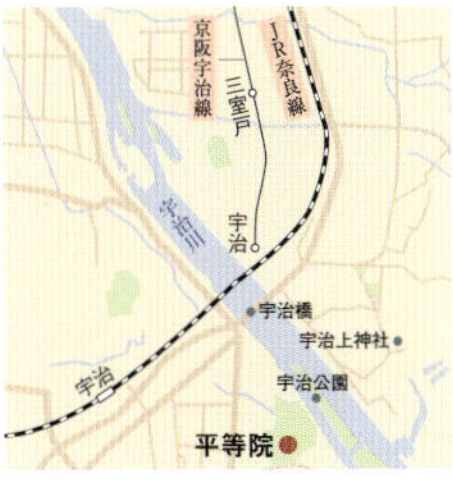

平等院はJR奈良線「宇治駅」から徒歩10分。または京阪宇治線「宇治駅」から徒歩10分

＊はすべて太刀の使い方の名

の維盛、弟・忠度を筆頭に三万の兵を出発させた。途上一〇万までふくれ上がったが、駿河の富士川での矢合わせの前夜、平家の軍勢は臆病風に吹かれ、水鳥が飛び立つ音を敵の襲撃と思い、逃げ散ってしまった。

園城寺(おんじょうじ)**(三井寺)**　天智・天武・持統天皇の産湯に用いられたという霊泉があり、通称「御井(みい)寺」→「三井寺」。剛勇の僧兵が集まっていた。挙兵した以仁王が身を託した反平家勢力の拠点

清盛のいらだちが『平家』の文面から漂いはじめる。遷都への非難を抑えきれず、半年たらずで京へ還都することとなり、さらに以仁王の挙兵以来、奈良の寺院勢力はことあるごとに抵抗する。年末、清盛のいらだちは頂点に達し、奈良へ出兵、東大寺や興福寺を焼き討ちしてしまった。

「大仏殿の二階の上には、千余人のぼりあがり、かたきのつづくをのぼせじと、橋をばひいてンげり。猛火はまさしうおしかけたり。をめきさけぶ声、焦熱大焦熱、無間《むけん》阿毘《あび》のほのほの底の罪人も、これには過ぎじとぞ見えし」

この南都焼き討ちにより、伽藍、大仏、経典、そして三千五百余人の命が失われたという。仏をも怖れぬこの所業に、人々は震え上がったことだろう。しかし「入道相国(清盛)ばかりぞ、いきどほりはれてよろこばれける」。

この業火はやがて、清盛自身の身をも焼き焦がすこととなる。

三井寺は京阪石山坂本線「三井寺駅」から徒歩10分。またはJR東海道本線(琵琶湖線)「大津駅」から京阪バス浜大津方面行き「三井寺」下車、徒歩1分

其ノ参

時代が呼んだ「悪役」

改革者・清盛

●地獄も望むところ

未曾有の大混乱の年であった治承四年も暮れ、翌治承五年、亡兄・重盛に代わって清盛の次男※・宗盛は今度こそはと東国出兵を意気込む。しかしその計画は断念せざるを得なくなった。清盛がにわかに発病したためである。

その病状は壮絶を極める。「身の内のあつき事、火をたくが如し。ふし給へる所四五間が内へ入る者は、あつさたへがたし。ただ宣ふ事とては、あた〳〵とばかりなり」

清盛の体は烈火のごとき熱気を放射し、水を入れた石の舟に入ると、たちまち水は蒸発したという。「黒煙殿中にみち〳〵て、炎うづまいてあがりけり」、誰もが南都焼き討ちを思い浮かべただろう。清盛の妻・二位尼時子は地獄の牛頭馬頭《ごずめず》が邸内に火の車を引きこむ夢を見る。彼らは言う、「南閻浮《なんえんぶ》提《だい》金銅十六丈の盧舎那仏焼きほろぼし給へる罪によって、無間《むけん》の底に堕ち給ふべきよし閻魔の庁に御さだめ候」。見事なまでの因果応報の図式がここにある。

ここで大抵の人間ならば己れの所業を悔やみ、信心深く最期を迎えようとするはず。が、『平家』における清盛は、徹底的に「悪」だった。遺言は「頼朝が首をはねて、わが墓のまへにかくべし」。やがて閏二月四日悶絶のなか「あつち死」する。清盛六十四歳、悪役的な、あまりに悪役的な最期

『平家物語絵巻』巻第六　中「入道逝去の事」　水をかけられる清盛。体から黒い煙が立ちのぼる。発病から一週間後に息をひきとった

※史実では三男だが、『平家物語』では次男とする

だった。

閏二月七日、遺骸は京・愛宕で火葬され、遺骨は福原・経の島に納められたという。ここは清盛が生前に修理した貿易港・大輪田泊の波よけのために築かれた島で、現在は埋め立てられ、神戸市の一部となっている。福原の宮も近く、清盛がこよなく愛した風光明媚の地だった。

「さしも日本一州に名をあげ、威をふるッし人なれども、身はひとときの煙となッて、都の空に立ちのぼり、かばねはしばしやすらひて、浜の砂にたはぶれつつ、むなしき土とぞなり給ふ」

栄華を極めた人間も、最後はむなしく土に帰す――。

●かけた情けが仇

京都・六波羅は葬送の地・鳥辺野に近く、貴族たちが忌避してきた場所。しかし交通の利便性から清盛の祖父・正盛が借り受け

六波羅蜜寺　市の聖として知られる空也が応和三年（963）に鴨川の東に建立した堂宇が起源。本尊十一面観音像の他、空也上人像と平清盛公坐像で知られる。境内には清盛の供養塔がある

て以来、領地が膨らんで清盛の頃には平家一門の壮麗な邸宅が立ち並んでいた。今に残る六波羅蜜寺には、平清盛像が伝わる。僧体で経典を持ち、玉眼が不気味に光るその姿は『平家』の清盛のイメージを裏切らない。一方、神護寺に残る清盛の嫡子・重盛のものと伝えられる肖像画は、温厚な顔立ちに強い意志を持った瞳が印象的だ。

邪と正――『平家』はこの親子を、鮮やかなまでに対照的に描いている。日頃から

平重盛肖像　伝源頼朝肖像と並ぶ写実肖像画の傑作

信心が厚く、穏和篤実な重盛は、父の暴走を止めようと、ことあるごとに父を諌める。特に清盛が後白河院を幽閉しようとした際、一族の面前でかき口説く「教訓状」の段では、重盛の正義感と政道観が強く感じられる。

清盛もこの誠実な息子には後ろめたさを覚えるらしく、重盛が訪れた時点で鎧姿を見られまいと、法衣で隠し、とりあえず法皇幽閉を思い留まるのだった。

しかし、重盛の思いとはうらはらに平家の専横は続く。一門の運命を予知した重盛は熊野参詣の折に、「重盛が運命をつづめて、来世の苦輪を助け給へ」と祈り、医師の診療も拒否し、病死をとげた。

このような重盛の人物造型は、清盛の「悪」を際立たせるための誇張のようにもとられるが、忠臣であり信心深いのは事実であったらしい。

では、清盛は本当に「悪人」だったのか。これには疑問が残る。『平家』においては激しやすい人物に描かれるが、平治の乱の際、

六波羅蜜寺はJR「京都駅」から市バス206系統「清水道」下車、徒歩7分。または京阪本線「五条駅」下車、徒歩7分。鹿ヶ谷・俊寛僧都忠誠之碑は市バス5系統「錦林車庫前」下車、徒歩15分

命脈を断つべき頼朝と常盤御前に連れられた義経ら三兄弟を助命している。血の気が多いゆえ、それだけ情に訴えられると弱いのは、実際の清盛に近いのではないか。ただ、あからさまな敵対者に対しては、異常なまでに残忍だったのは間違いない。

彼を最も暴走させたのは、後白河院の離反であろう。心から忠義を尽くしていた院の裏切りは、清盛の猜疑心を膨張させた。院に煽られる反平家勢力にたまりかねた清盛が、防御の盾を大きく振りすぎた、そのような印象もある。いずれにしても清盛は『平家物語』という文学作品において、「猛き者」の典型としての役割を与えられ、強烈な個性を放ち続けている。

●因習を脱ぎ捨てよ

清盛の死後、『平家』は散々悪者扱いをしてきた清盛をフォローするかのように、彼の超人性を語りだす。「まことはただ人ともおぼえぬ事どもおほかりけり」――清盛はやはり常人とは違うところがあった。

清盛は比叡山中興の祖・慈恵僧正（良源）の生まれ変わりだという。

古老が語るには、摂津・清澄寺の慈心坊尊恵という僧が、あるとき夢かうつつに、空を翔って閻魔王宮にたどりつく。閻魔と対面した尊恵は、「日本の平大相国（清盛）が、摂津国和田岬で法華経※の持者を多く集め、説法・読経などを丁寧にお勤めされました」と伝えると、閻魔はたいそう喜んで「その入道は常人ではない。慈恵僧正の化身だ。天台の仏法護持のために、日本に再誕したのだ」と話して、次の偈（仏を讃える詩）を清盛に与えるように言った。

「敬礼慈恵大僧正／天台仏法擁護者／示現最初将軍身／悪業衆生同利益」（慈恵大僧正に敬礼する。慈恵は天台の仏法の擁護者である。再誕の清盛は、最初は将軍の身となって現れ悪業を積んでも、悪業の罪深いことを衆生に知らせるということで、慈恵と同じく衆生に利益を与えた）。

清盛塚はJR「兵庫駅」から徒歩15分。能福寺はJR「兵庫駅」から徒歩10分。福原京跡石碑（荒田八幡神社）はJR「神戸駅」から徒歩15分

※『古今著聞集』に、承安二年（1172）持経者千僧で『法華経』を転読したとある

これを尊恵から聞いた清盛はたいそう喜んだという。

この話は、清盛の一連の悪行は人々に因果応報を知らせるための方便であり、その点で清盛こそ尊い存在であると説明している。

さらに、『平家』は清盛を持ち上げる。それが冒頭で触れた清盛の白河院御落胤説。「まことに白河院の御子にておはしければにや、さばかりの天下の大事、都うつりなンどいふたやすからぬ事ども思ひたたれけるにこそ」。白河院の子だからこそ、遷都などということも思いつくのだ――。

これらの伝説を生みだすほど、実際、清盛は当時の感覚からは飛び抜けた天性を持っていた。

福原遷都は清盛の政策の中でもっとも人々の度肝を抜いたものだが、清盛にとっては政治的にも経済的にも合理的な事業であった。貿易船が出入りする大輪田泊が目の前にあり、敵対する南都からも遠く、遷都の混乱によって貴族たちの力を削ぎ落とすこともできる。

しかし福原の新都は大極殿すら建てられずに終わった。六甲山地から海までの距離があまりにも短く、内裏を作るのも困難だったようだ。内裏の姿はほとんど明らかになっていないが、JR神戸駅から北へ約一・五キロの山裾に「雪御所町」という地名が残っている。近くには清盛が入ったと言われる天王温泉もあり、福原の新都をこのあたりに想像することができる。

日宋貿易を推し進めたことも清盛の画期的な施策だった。兵《ひょう》庫《こ》津《つ》（大輪田泊）を整備して南宋との国交を盛んにし、交易によって夥しい量の宋銭や文物を国内に流入させた。貿易船のために瀬戸内海の航路を整備し、なかでも広島県の「音戸《おんど》の瀬戸」は幅約七〇メートルの海峡で、

能福寺・平相国廟　清盛の遺骨はここに納められたと伝承される。『吾妻鏡』によれば、播磨国山田法花堂に納めたとある（現・神戸市垂水区西舞子町）

福原と荒田八幡神社・安徳天皇行在所址　写真は神戸市荒田町から瀬戸内海方面を望む。福原遷都の際、安徳天皇行在所とした清盛の弟・頼盛の山荘は現在、荒田八幡神社となっている

清盛が西の海に沈む夕日を金の扇で呼び返し、一日で切り開いたと伝えられている。『平家』は述べていないが、瀬戸内海の発展に尽くした清盛への崇敬から、このような超人伝説も生まれたようだ。

清盛の施策は一見横紙破りであるが、国際的視野と、合理的な近代性をそこに見いだすことができる。因習から抜け出した発想こそ、新しい武士の時代の胎動であったのかもしれない。

清盛の死後、平家崩壊の足音は東方から確実に近づいていた。しかし、貴族化した平家の一門の人々には、都の風が邪魔して聞こえない。

「東国北国の源氏ども蜂のごとくに起こりあひ、ただ今都にせめのぼらんとするに、かやうに浪のたつやらん風の吹くやらんも知らぬ体にて、花やかなりし事ども、なか〳〵いふかひなうぞみえたりける」

かくして平家は都を落ち、滅びへ沈んでゆく――。

宋銭「紹興元寶」　平安中期から徐々に盛んになった日宋貿易は、北宋時代には宋商船が多く来日していたが、南宋時代になり、清盛が全盛期を迎えると、日本商船も頻繁に渡宋。特に南宋銭が夥しく輸入され、日本の貨幣経済を促進した

『平家物語』の清盛

松尾葦江

一　『平家物語』の基本構想

歴史文学の方法

『平家物語』は歴史文学ですが、歴史とは既にあるものではなく、それを記述する、あるいは認識する者によって、つくられていくものです。したがって歴史文学だからといって、現実に起こった事件や事実をそっくり書き取れば、そのまま作品ができるというものではなく、言葉にしていくプロセス自体が創造であり、根本的なところはフィクションと変わらないと私は思います。

ただ、例えばテレビ・ゲームのように秀吉と信長とが出てきて、信長が勝ってしまうとか、そういうふうにはできません。どうしても結果は決まっている。逆にいうと、その結果をどれだけ納得してもらうか、それが歴史文学の作者の腕ということになるわけです。『平家物語』は非常に叙情的で、死のさまざまな様子を描いているといわれてきましたが、よく見ると、複雑な政治とか歴史上のいきさつを、最も効果的な場面を切り取ってきてドラマチックに構成している、その技術はたいしたものだと思います。

『平家物語』が最初にできたときにどういう姿形をしていたか――昭和三十年代ぐらいまでは、簡単で記録的なものが原型で、それがだんだん膨らんできたと考えられていたのですが、

松尾葦江（まつお　あしえ）
國學院大学教授。お茶の水女子大学文教育学部卒業。東京大学大学院人文科学研究科博士課程修了。博士（文学）。専門は中世日本文学。諸本論、成立論、表現論など総合的に『平家物語』研究を展開し、軍記物語全般にも及ぶ。放送大学をはじめ様々なメディアで『平家物語』の魅力を紹介している。主な著書に『平家物語論究』（明治書院）、『軍記物語論究』（若草書房）、『源平盛衰記』（三弥井書店）など。

最近では逆に、記録や資料のようなもの（中にはデマも含んだ）が束ねられていて、それからだんだん余計なものを切り捨てていって今のような形になった、という考え方が強く打ち出されるようになってきました。

それについては後でまた詳しくご説明したいと思うのですが、しかし、そもそも記録とか事実とかを束ねただけで『平家物語』が生まれたとはいえないと私は思っています。つまり、『平家物語』は、単に事実をアレンジしたというようなものではなく、非常に物語的なもの、清盛がどういう人物でどういう行動をとり、その結果どういう次第で平家が滅亡に追い込まれていったかをある仕掛けをもって描いたもので、起こった事件を逐次書いていったらひとりでに『平家物語』になったというような生まれ方はしていない、と私は考えています。

清盛の造型

では、『平家物語』の中で清盛はどういう造型を与えられているか。『平家物語』にはいろんなバージョンがあって、そのことを国文学の方では「『平家物語』には諸本がある」といいますが、諸本を通じて清盛のイメージというのは余り大きくぶれていません。簡単にいうと、気が短くて頑固で、非常に騒々しい激しい性格である。しかし、カッとなるのは自分の一族、一門のためであって、それを守るためには強引な行動もいとわない。諸本によって、ある部分が誇張されたり、上品さを欠いて描かれたり、ということはありますが、『平家物語』のどの諸本を見ても、だいたいそういったタイプの人間として造型されています。

悪いことをしたり横車を押したりするだけではなく、一方で、仏法を守護し、合理主義的な人であった、という面も記述されています。私たちは清盛というとどうも悪役のようにイメージしがちですが、これはもともと『平家物語』の中での役割分担なのです。簡単にいえば、清盛が強引に悪行を押し通し積み重ねて、長男の重盛がいつも良識派としてそれにブレーキをかける。さらに『平家物語』の中では、重盛は父親の悪行をとめられなくなって、自分たち一族の末路を見たくないから早く死なせてほしいと熊野の神に願をかけ、それが聞き入れられて早死にする、というふうになっている。事実、重盛は長生きしていません。そんなに早死にというわけではありませんが、四十代で亡くなっています。

重盛が亡くなった後、清盛の行動は一方的になってしまい誰にもとめられない。その後、一族のリーダーとなった宗盛——これは実際には三男ですが、次男が早死にしているので『平家物語』では次男として扱われています——、その宗盛が無能であったために平家は滅亡の坂を転げ落ちていく。そんな基本的な構想のもとに、『平家物語』は作られています。清盛は、一族のために時には政治上のルールも無視してぐいぐいと引っ張っていく。それに対する良識派の重盛の死、後を継いだ気が弱くて無能な宗盛、そういう組み合わせで平家滅亡が説明されているわけです。

しかし、実際の清盛はどうだったか。『十訓抄』という当時の説話集があります。これは建長四年（一二五二）に成立したもので、題名から見ておわかりのように十の教訓を項目に立て、それぞれの成功例、失敗例となる説話を集めたものです。鎌倉幕府ができて武士の社会がだんだん整っていく時代で、武士がいわば次第にサラリーマン化していく、そういうころの教訓です。だから、今の私たちにとっても役立つ教訓が幾つもあります。その中の「思慮を専《もは》らにすべき事」、思慮深く行動しなくてはいけないという教訓のところに清盛の逸話が載っています。それによると『平家物語』の清盛とは随分違うイメージが浮かび上がってきます。

清盛という人物は、部下の面子《めんつ》をつぶさない。叱るときにも、どんな下っ端の召使に対しても、人の面前で面子をつぶすような激しい叱り方は決してしなかった。逆に、身内の者がいるときには、小さなことでもほめて引き立ててやる。それから、冬の寒い朝、下っ端の者が疲れて朝寝坊しているときにはそっと見逃してやった、というような逸話が『十訓抄』には伝えられています。考えてみると、確かに、がむしゃら一方では多くの人を率いていけるはずがない。現代の我々が考えても、リーダーになる人物というのは、気配りというか、人を立てる才能がなければ務まらないでしょうから、実際にそういう面があったのじゃないかと思います。

それから、天台宗比叡山延暦寺の座主《ざす》で文学的才能もあった慈円の書いた『愚管抄』という歴史評論があります。これは、承久の乱が起こるのを心配して、歴史を振り返って書いたといわれているのですが、その中に清盛について書かれたくだりがあります。二条天皇と後白河法皇との仲があまりうまくいっていない、その間を清盛は「アナタコナタシテ」――あっちにもこっちにも気配りをして、非常にうまく切り抜けて政治をやっていったと書かれています。ですから、清盛は決してがむしゃら一方でやっていたわけではない。『平家物語』の中ではある役割を振られて、それにふさわしい人物として描かれている。それは、どの『平家物語』にも共通している清盛像です。

清盛の役割

先に述べたように、歴史文学とはただ事実を書き取っていけばできるものではない。『平家物語』もまた自らのイメージに合せて事実をアレンジして作られています。

例えば有名な「殿下乗合《てんがののりあい》」という嘉応二年（一一七〇）の事件があります。清盛の孫の資盛と摂政の行列とがぶつかってしまい、そのときの復讐を清盛がやったという話になっていますが、『愚管抄』とか当時の貴族の日記である『玉葉』などを見ると実は逆で、重盛という人は非常によくできた人物だったのだけれども、一生にたった一回、妙なことをした。それは、自分の息子の資盛に絡んだ事件で（清盛ではなく重盛が）摂政に対して復讐をした、という具合に記されています。『愚管抄』や『玉葉』がフィクションを仕立てる理由はないので、これは『平家物語』が清盛の役割と重盛の役割に当てはめて、事件の中での行動を入れかえたのだと思います。

つまり『平家物語』は、いろいろな複雑な事件とか政治上の駆け引きとかをぱっと見てわかるように、非常にすっきりした形で人物の役割を振り当てている。また、政治上の状況の変化が最もあらわれるような局面を切り取ってドラマチックに仕立て、歴史の流れをわかりやすく構成しています。それは成立過程のごく初期のことからです。先ほどお話ししたように、『平家物語』が『平家物語』だと私たちがわかるような形になったときすでに、フィクションを含んで成立したのだと思います。

清盛の悪行

『平家物語』の構想では、清盛が悪行を強引に推し進めた結果平家が滅びていく、ということですが、では清盛の悪行はどういうものだと考えられているか。次の資料をご覧ください。これは『平家物語』の諸本の中でもちょっと変わった「延慶本」と呼ばれている本文です。延慶本については、後ほどくわしくご説明いたしますが、皆さんが普通にお読みになる「覚一本」と呼ばれている『平家物語』でもこの部分はほぼ同様です。

「帝王ヲ奉二押下《おしおろ》一シテ我孫ヲ位ニ即《つけ》奉リ、王子ヲ奉レ討チテ首《かうべ》ヲ斬キリ、関白ヲ流シテ我聟《わが》ヲナシ奉リ、大臣、公卿、雲客《うんかく》、侍臣、北面ノ下臈ニ至《いたる》マデ、或ハ流シ、或ハ殺シ、悪行数《かず》ヲ尽シテ、所レ残ルハ只都遷計《ばかり》也。サレバ加様《かやう》ニ狂《くるふ》ニコソ」ト、サ、ヤキアヘリ。

嵯峨天王ノ御時、大同五年、都ヲ他所ヘ遷《うつ》サムトセサセ給シカドモ、大臣、公卿騒ギ背キ申サレシカバ、不レ被レ遷《うつされず》シテ止《やみ》ニキ。一天ノ君、万乗ノ主《あるじ》ダニモ移シ得給ハヌ都ヲ、入道凡人《ぼんにん》ノ身トシテ思企《おもひくはたて》ラレケルコソ畏《おそ》ロシケレ。

（第二中―30「都遷事」）

「『帝王ヲ押下《おしおろ》シ奉リテ我孫ヲ位ニ即《つけ》奉リ』」、まだ元気であった高倉天皇を譲位させて、まだ子供であった安徳天皇を即位させた。「王子ヲ討チ奉リテ首《かうべ》ヲ斬リ」」、これは以仁王《もちひとおう》の変のことですね。「関白ヲ流シテ我聟《わが》ヲナシ奉リ、大臣、公卿、雲客《うんかく》、侍臣、北面ノ下臈ニ至《いたる》マデ」、これはいわゆる治承三年（一一七九）のクーデターと、鹿ヶ谷事件後の処分のことと、両方をひっくるめていっています。「或ハ流シ、或ハ殺シ、悪行数《かず》ヲ尽シテ、残ル所ハ只都遷計《ばかり》也。サレバ加様《かやう》ニ狂《くるふ》ニコソ』ト、サ、ヤキアヘリ」、これは普通の『平家物語』では巻五に当たる「都遷事《みやこうつりのこと》」から引用したものですが、実はこの後、もう一つ大きな悪行があります。それは奈良の東大寺を初めとする南都の寺々を焼き滅ぼし、僧侶を虐殺し、経典その他の宝物を焼き失ったこと、これが最大の悪行になっていくわけですが、この段階では悪行数を尽くして残るところはただ都遷ばかりなり、と都遷が最大の悪行として挙げられています。

　これは長く続いてきた首都の京都からいきなり引っ越しを命ぜられて、みんなが迷惑した、ということももちろんありますが、そもそも都を定める権限というのは天皇にあるのです。臣下にはできないことで、天皇にしか決められない。遷都をするということは天皇の権限を侵したことになるわけで、臣下の政治家としてあるまじきことだということなのですね。

　そしてさらにその上に仏法を滅ぼす。大仏を焼き滅ぼし、僧侶たちを虐殺する、という悪行が重なるわけです。一方で、反平氏の動きというのは、『平家物語』で見る限り、四つの段階を踏んで描かれています。最初が鹿ヶ谷事件、次が以仁王の変、それから義仲の挙兵、そして頼朝の挙兵です。もちろん、義仲が天下を統一して頼朝が敗れるという話にはできないわけですから、最後に頼朝が勝つというふうになっていますが、『平家物語』は人々がそれを十分納得できるように仕組んでいるのです。

『平家物語』の論理によれば、まずクーデターが成功するには絶対的に必要な二つの条件があって、一つは私心に基づいていない、動機が不純でないということです。もう一つは、リーダーの器、能力次第ということです。鹿ヶ谷事件というのは、後白河法皇の側近たちが分不相応の出世を望んで計画した、見るからにとてもクーデターには向かないような器の連中が集まってやった、という具合に描かれます。だから失敗するわけです。しかし、それだけで全くゼロになってしまったかというとそうではない。例えば、俊寛が鬼界島へ流されてそこで亡くなる。『平家物語』は「か様《やう》に人の思《おもひ》歎きのつもりぬる平家の末こそおそろしけれ」といいます。つまり、どっちがいいか悪いかはともかくとして、恨み、挫折が幾つも積み重なっていって、やがてそれらは平家に向けられていく、というのがまず第一段階です。

次に以仁王の変ですが、頼政が以仁王を担いで起こすのですが、宗盛がおごり高ぶって、頼政とその息子のプライドをさんざんに踏みにじる。だから読者は、こんなにされちゃ決起するしかない、というような気になって読んでいくわけです。しかし、よく考えてみると、これも一つの私心なのです。自分たちの恨みから始まったクーデターで、しかも以仁王は才能はあるけれどもクーデターのリーダーには向いていない、ということがさりげなく描かれます。あまりにも早い段階でもう敗北を予感しているとか、非常に教養があり文才に富んでいるけれども、とても武力革命には向かない人物である、ということがそれとなく何度も描かれています。

それで以仁王の変は失敗するわけですが、しかし、このときに以仁王が全国の源氏に向かって決起せよと呼びかけた令旨が、やがて後々義仲や頼朝に大義名分を与えることになるわけです。武士が軍隊を動かすときには、皇太子以上の命令がなければ国家への反逆者として扱われ、だれも味方をすることができなかったのです。それを朝敵といい、一度朝敵というレッテルを貼られると全く味方が得られない。しかし義仲や頼朝の場合には、挫折はしたけれども以仁王が出した令旨を、大義名分に振りかざした。以仁王は皇太子にはなっていないのですが、延慶本によれば皇太子であるという立場で令旨の文章を作っています。ですから軍隊を動かす大義名分ができた。

では、義仲と頼朝とはどこが違うかというと、『平家物語』は義仲がいかにリーダーとして無能であったかということを非常にコミカルに描いています。しかし私は、義仲は乳母子たちと一緒に馬に乗って山野を走り回り、車座になって酒を飲み飯を食い、という型のリーダーとしては、非常に有能な人だったのではないかと思っています。けれども『平家物語』は徹底して義仲が無能であるかのように描いて、さっきいった二つの条件の中の一つから外れるということを強調するわけです。頼朝は『平家物語』によれば、以仁王の令旨だけでなくさらに福原院宣とよばれる後白河法皇の院宣を貰った。二重の大義名分をもって決起した。そして聡明で有能な人であるというふうに、『平家物語』では描かれています。

よく考えると、頼朝も実は、自分の父の敵討ちという私心があって決起したのではないかといえそうですが、『平家物語』では一部の諸本を除いては、決してそうは描きません。あくまで頼朝は私心なく、しかも有能なリーダーであった、だから最後に成功する、と仕組まれていくわけです。

ですから『平家物語』の中の清盛というのは、『平家物語』が必要としたイメージとしてつくられているわけで、事実に全く反してはいなかったかもしれませんが、あくまで物語の上での人物だと思ってください。それで、先に申し上げましたが、遷都は天皇しかできないことなので、そのあたりからも清盛の皇胤説というのが生まれてきます。清盛皇胤説が本当かどうかということは歴史学者の方でも意見が分かれています。五味文彦さんは皇胤説を否定しておられますが、元木泰雄さんは少し信用しておられるみたいで、赤松俊秀さんのご本の中に詳しい考証があります。ご関心のある方はそちらでご覧いただくといいでしょう（文末参考文献参照）。

都というのは、単に政治の中心で便利なところというだけではなく、いろいろ象徴的な機能を持っていました。「月見」という有名な段が、福原へ遷《うつ》ってしまった後の荒れ果てていく京都、そこにわざわざ戻ってきて月見をする徳大寺実定の逸話を叙情的に情緒豊かに描いていますが、私の考えでは、これも平家の悪行の一つであって、生まれた土地への愛着とかそこで育《はぐく》んできた人間関係とか、そういうものを踏みにじってしまった。それも清盛の悪行の中に含まれているのではないかと思っています。

二　延慶本で読む「都遷」「物怪」

『平家物語』成立の特殊事情

さて、ここで『平家物語』のいろいろなバージョン、諸本についてお話をしたいと思います。簡単にいうと、『平家物語』とは何十種類、何百種類とある『平家物語』のグループの名前だとお考えください。他の作品にも諸本はあります。『方丈記』にも広本、略本――分量の多い『方丈記』と少ない『方丈記』がありますし、『源氏物語』も写されているうちにだんだん異文、つまり部分的に違うものができて、諸本があります。しかし、『平家物語』の場合はちょっとそれとは事情が違います。そもそもの事件の起こりから考えてみますと、治承・寿永の内乱は、日本で初めてほぼ全国的な規模で数年にわたって続いた、大規模な内乱でした。ですから武士だけでなく、女性、子供も含めて戦乱の体験者が非常に多く生まれました。そうした人たちにとっては、大変痛切な体験だったわけです。生命が危険にさらされるとか怪我をするとかだけでなく、愛する人を失う、財産を失う、価値観が一気にひっくり返る、そういった経験が大規模に巻き起こったわけです。

我々が体験した六十年前の戦争のことを考えてみても、終わった後すぐには、その体験は語り出しにくい。大体半世紀というのが、そういう経験が熟していくのに必要な時間ではないかという気がします。戦乱が終わってしばらくして、断片的な目撃談、体験談が語られ、持ち運ばれ、それが脚色され、収集され、さらに文字で描かれた記録類、文書類が取り込まれ、編集され、そうして物語が生まれてきます。語り継がれる途中で、その話はうちのじいさんから聞いた話と違うとか、うちの祖先の話が入ってないとか口を出す、そんな形で文字の読めない人たちも関わっていった。でき上がった『平家物語』が一つで済まないということは、そういうでき上がり方、あるいは作品の体験へのかかわり方とも関係があるのです。

もう一つ大きな影響があったのは、全国をさすらって歩いていた琵琶法師の役割です。盲目で僧侶の格好をしている、琵琶を楽器として使う、そしてしばしば宗教的な鎮魂のお経であるとか断片的な語りであるとかを持ち運ぶ、そういう琵琶法師がここに一役買っていただろうと思われます。文字の読めない人たちにも琵琶法師が、『平家物語』のもとになる断片的な語りを語って聞かせ、それに人々が情報を提供したり注文をつけたりした。琵琶法師も聴衆の反応を吸収して、受けるように作り変えていく。そういう形で『平家物語』の成立には琵琶法師の功績があったと思います。ただ、『平家物語』は琵琶法師が作ったなどと書いてある参考書がありますが、ああいう年代記的で難しい仏教用語の含まれた『平家物語』が、目の見えない琵琶法師の即興を筆録して生まれたとは到底思えません。『平家物語』は、ある一つの構想の下に人々を引きつける形に事実を仕立て直して作っているので、そういうものは文字の読み書きのできる知識人の参画がないとできないでしょう。

しかし一方でこういうでき方をしているものですから、いったんでき上がっても、これが決定版の『平家物語』だとは決まらない。もっと違う『平家物語』が欲しい、あるいはこの部分は作り変えたい、という欲求がずっと長く続いた。そこにほかの文学作品と違う、特に現代の我々がイメージしている小説とは違う、『平家物語』のパワーのようなものの源があると私は考えています。

『平家物語』の諸本

いろんな種類の『平家物語』が作られる、つまり諸本が生まれる激しい動きというのは、ほぼ四百年間続きました。江戸時代になって出版されると、大きな変化はやみますが、その間いろんな『平家物語』が作られていった。大事なことは、決定版の『平家物語』が生まれる途中の未完成品とか半出来のものという考え方では、この現象は説明できない。私たちが見てこれはあまり出来がよくないと思っても、中世の人々にとっては、これこそ自分が望んでいた『平家物語』だ、と求められて生まれてきたと考えるべきだと思うのです。『平家物語』は常に揺れ動き続け、自身をつくり変え続けた文学で、そういうエネルギーを持っている点が私たちを強く引きつけるところです。

さて諸本の説明になりますが、『平家物語』諸本の分類概念図を次に掲出しておきます。細かく数えると、『平家物語』は何百種類もある、と数えられ、また分類の仕方は学者によっても多少違いますが、まず大きく二つのグループに分けられます。それは読み本系と語り本系です。

●『平家物語』諸本分類概念図

読み本系
　四部合戦状本、源平闘諍録、延慶本、長門本、源平盛衰記
語り本系
　八坂《やさか》系……………………………断絶平家
　中間的性格の諸本……………………（断絶平家）
　一方《いちかた》系…………………………灌頂巻

昭和初期には、語り本系は琵琶法師が語るための台本であって、読み本系は目で読む小説、あるいは絵があってそれを説明する絵解きのような形で、読まれたのではないかといわれていました。しかし、そもそも琵琶法師は目が見えないわけですから、自分で台本を読むことはできない。語り本系と読み本系の違いは、片方が琵琶法師のためのもの、片方が目で読むためのもの、という分け方ではなく、文学上の二つの方法の相違に由来すると私は思っています。

簡単にいうと、韻文と散文の精神といったらいいでしょうか。韻文の精神というのは、なるべく少ない言葉でたくさんの感動をつくり出そうとする。ぎりぎり言葉を絞って、少ない言葉で人を感動へ持っていこうとする方法です。一方、散文の方法とはできるだけ客観的に、徹底的に説明しようとする方法です。文学には、大きく分けて異なる二つの方法があって、中世はその両方の傾向を持っている時代なのです。中世というのは非常におもしろい時代で、

これこれの特徴があるというと必ずそれと正反対の特徴も持っている。つまり、ある一色に塗りつぶせないのが中世なのです。ですから、できるだけ少ない言葉で効果的に表現しようとする方法と、その反対に、これでもかこれでもかと隅々まで説明したがる方法と、そのちょうど正反対の方法がどちらも、中世の文学の中には存在しています。

言ってみれば『平家物語』は、作品自身の中にその二つの方法、二つの志向が含まれていて、その中の一方へ向けて磨き上げていったのが語り本系で、反対の方向へ膨らんでいったのが読み本系だといってもいいのじゃないかと思います。

語り本系と読み本系

普通、皆さんがお読みになるのは、前掲の図でいうと語り本系の中の、左側にある一方《いちかた》系と呼ばれるグループの中の、覚一本と呼ばれる『平家物語』です。覚一《かくいち》というのは十四世紀の平曲の名人だった人で、この覚一が一三七〇年代に、そろそろ死期が近くなった、このまま放っておくと誰が師匠を正しく継承したかといって弟子たちが争うといけないから決定版を残しておく、というあとがきをつけて作った『平家物語』、それが覚一本です。今は一般に流布しているテキストのほとんど全部が覚一本ですので、何十、何百種類とある『平家物語』のうち、一般の読者が読もうと思うとこれしかないといってもいいくらいです。これを、その作品を代表する本文という意味で、仮に代表本文と呼びます。覚一本を代表とするには理由があります。現在我々が読んで最も文芸的にすぐれている、最も洗練されているのは確かに覚一本です。また一三〇〇年代以来、いろんな『平家物語』が生まれてきましたが、覚一本が諸本に最も大きな影響を与えている。読み本系といえども覚一本の影響を受けている。ですから、覚一本を代表本文とするにはそれなりの必然性があるわけです。

語り本系は、一方系、八坂系、その両方の性格をあわせ持つ本、の三つに分けられます。昭和三十年代くらいまでは一方系と八坂系というのは平曲の流派の違いだ、一方流の琵琶法師が持っていた『平家物語』が一方系で、灌頂《かんじょう》巻で終わる。八坂流の琵琶法師が持っていた『平家物語』が八坂系で、灌頂巻が独立していなくて、最後は「六代斬られ」――つまり清盛の曾孫に当たる六代が北条氏の時代になってから処刑された、という記事――で終わる。その違いだと考えられていたのですが、近年の研究では必ずしも琵琶法師の流派とは関係がない、違うバージョンの『平家物語』が欲しいという動機によってつくりかえられて生まれてきたもの、というふうに考えられています。

もしも皆さんが、覚一本以外の『平家物語』で手に入りやすいものをとお探しでしたら、「新潮日本古典集成」の中に入っている『平家物語』が、この中間的性格の諸本の一つです。八坂系に近いものを読みたいとお思いなら、これをごらんになると、大体その傾向を代表しています。

これらとは違う読み本系と呼ばれるグループ、こちらは非常に個性的な『平家物語』の集まりです。語り本系と読み本系の決定的な違いは何かというと、頼朝の旗揚げの扱いです。普通の『平家物語』は、関東で頼朝が旗揚げをしたという知らせが平家に来る、という要約されたニュースの形でしか書かれていません。一方、読み本系の『平家物語』は、いったん関東に舞台を移して頼朝の動き、関東武士の動きを詳しく追いかけていきます。そこが決定的に違います。ですから研究者によっては、語り本系を「平家系」、読み本系を「源平系」とお呼びになる方もあります。あいにく、読み本系には注釈のついたものがあまりないのです。図の中に挙げました「源平闘諍録」、これはちょっと変わっていて、千葉氏の一族のために作られたのではないかといわれている『平家物語』です。ちょっと変わった漢文体で書かれていて、全巻そろっていません。これは講談社学術文庫に現代語訳もついて入っています。ですから読み本系をお読みになるのなら、これか、あるいは「源平盛衰記」になりましょうか。

「延慶本」とは何か

『平家物語』くらい親しまれている古典でありながら、教育や読者の現場と研究者の現場とにこれほどギャップのある古典も珍しいのではないかと思います。研究者の怠慢も多少あるかもしれませんが。どういうことかというと、いま『平家物語』に関する論文は年間二百本以上出ます。そのうちもはや六割くらいは覚一本で『平家物語』を代表させていません。昭和四十年代頃までは『平家物語』の論文といえば、たいてい覚一本で『平家物語』を読んでいたわけです。代表本文は覚一本か、江戸時代に出版されたそれに近い流布本でした。ところが、現在、毎年出てくる論文のうちの半分くらいは、延慶本と呼ばれる読み本系で『平家物語』を代表させているのです。

まず延慶本という言葉ですが、この延慶というのは一三〇〇年代の初めの年号です。一三

○○年前後というのはどうも二度目くらいの『平家』ブームがあったのじゃないかという時期なのですが、延慶という年号は「エンケイ」「エンキョウ」「エンギョウ」と三通りの読み方があります。このごろは「エンギョウボン」とおっしゃる方が多いのですが、どうも「エンギョウ」というのは、近世にもう一つ「エンキョウ（延享）」という字の違う年号がありまして、それと区別するために「エンギョウ」という読み方が始まったようです。ですから中世では「エンケイ」か「エンキョウ」で通っていたと思いますので、私は「エンケイボン」と呼んでいます。

延慶本のもとの本文は、漢字片仮名まじりなのですが、漢文訓読みたいに漢字に片仮名が小さく添えてある。そして、漢文体のように一部分ひっくり返って読まねばならないところもあります。さらに厄介なのは異体字がある。例えば松という字は木へんに公という字を書きますが、中世や近世初期にはこれを縦に全部積み重ねて、上から「木、ハ、ム」と書く「マツ」という字がありました。秋という字ものぎへんと火を左右入れかえてしまう「アキ」という字があった。こういうものを異体字といいます。異体字というのは、あるコミュニティの中でよく知り合っていた人たちはすらすら読めたのでしょうが、違う時代、違うコミュニティの者には読めない。延慶本の研究が遅れているのにはいろんな理由があるのですが、一つは翻刻をしようとしたときのこういう厄介さがあります。

こういう異体字を仮に全部そのとおりに再現しようとしたら、コストが高く、第一読めません。みんなが読めるようにしたいと思って、いま私たちがグループで片仮名まじりに直してテキストを作っています。参考文献に挙げてある『校訂延慶本平家物語』がそれですが、現在、巻六までと巻九・十の八冊が出ています。

そういうわけで、このテキストは漢字片仮名まじりに直してありますが、底本では片仮名の大きさが微妙に変えてあります。そのちがいによって一目で意味が把握できるようになっている。例えば、助詞であるか動詞の語尾であるか、文法的にいうと自立語であるか付属語であるか、等々が、手で写した本の段階では、片仮名の大きさで瞬時に把握できるようになっているのです。しかし、活字に直すときにそれをそのまま再現しようとしたら、到底コストが引き合いません。それくらいなら写真版で読んでいただいた方がいいということになってしまうので、私たちは片仮名を統一した大きさに直し始めたのですが、つくづく昔の人の知恵というのは大したものだと思いました。句読点をつけたり振り仮名を振ったり、いろんな工夫をして読みやすくしたつもりですが、それでもぱっと見たときに、もとの本の方がはるかに意味が把握しやすい。片仮名の大きさを変えることによって一目で把握できる。原形をなるべく保ちつつ読みやすく、合理的に作るにはどうするか、まずテキストの提供に苦労するということが第一の問題です。

もう一つの問題は、延慶本にはいろんな情報が入っています。国文学者だけでは到底それが解読できない。例えば、当時のごく限られた建築の知識とか、ごく限られた宗教団体の知識とか、そういうものが平然と書いてある。ですから、本文を解読して注釈をつけていくときに、国文学者だけの知恵ではできません。いろんな分野の人に協力してもらって注釈をつける必要があるわけです。

延慶本古態説

では今なぜ、延慶本が代表本文になりつつあるかというと、昭和四十年代に、水原一《はじめ》さんが延慶本古態説というのを出されて、それが非常に衝撃的だったのです。その頃までは、『平家物語』は最初、歴史事実の略記に近いものから次第にいろんな話がつけ加えられて文学的になり、話が膨らみフィクションが増えてきた、というのが通説でした。しかし、水原さんはこの延慶本をお調べになって、いや、そうではない、延慶本には当時の社会を知らないと書けないことがいっぱいある、と言われた。特殊な知識や具体的記述がいろいろ含まれているということもですが、一見して到底あり得ないような風説、デマもいっぱいある。今の私たちの社会を考えてみても、大事件があった直後はデマが乱れ飛ぶ。なかなか客観的な事実、真実に落ちつけることができない。ある程度年月が経ってから次第に落ちついていくわけです。つまり延慶本にいろんな情報、中にはデマもたくさん含まれているのは、むしろ成立当初の姿に近いからだ、ということを言われた。初めにできた『平家物語』は分量が多くて、いろいろなものがごった煮的に入っていた。それから余計なものを切り捨てて、磨き上げていって、覚一本のような洗練された『平家物語』ができた。だから延慶本こそが、『平家物語』の古い形を最もよく残している『平家物語』だということを言われたのです。

これはそれまでの通説とまるで正反対の考え方で、非常にショッキングな説でした。ただし、延慶本が古い形を残していることは水原さんが初めて言われたわけではなくて、さかのぼると、明治末期から大正にかけて国語学者の山田孝雄《よしお》さんが、鎌倉時代の動詞を研究するために、当時の文部省の国語調査委員会で、『平家物語』の諸本を何百種類と調べられたことがあります。そしてその副産物として明治四十四年にお出しになった『平家物語考』という大部な本が、『平家物語』諸本研究のスタート地点だったのです。学問は、近道をすればいい、効率的であればいいというものじゃないことがよく分りますが、その際既に山田孝雄さんが、『平家物語』の諸本の中で、延慶本が最もよく鎌倉時代の日本語の面影を残している、ということを言われたのです。その後、参考文献で挙げました赤松俊秀さんという歴史学者の方も『愚管抄』と延慶本を比較なさって、延慶本が『愚管抄』に最も近いということを言われたのですが、ちょっと勘違いされた部分があって、水原さんとも論争があり、今言いましたように延慶本古態説としては水原さんが、非常に迫力ある説を出された。それが今や通説になりつつあるのですが、しかし、実は少し問題があります。延慶本そのものが一二五〇年頃の『平家物語』成立の最初の姿、さらには一一八五年の平家滅亡当時の『平家物語』であるかのように考えている方もおられるようですが、今ある延慶本は一三〇九年、一三一〇年、延慶ごろに作られたものを、さらに一一〇年以上経った、応永年間（一三九四〜一四二八）に写し直したものなのです。それが今、重要文化財として大東急記念文庫に保存されています。調べてみると、やっぱり応永頃の手が入っています。延慶から応永まで一〇〇年間、何も動かなかったわけではない。こういう本文を今私たちは何とかして正しく解読しようとしているところです。

延慶本の巻四後半

この延慶本『平家物語』は、さっきお話ししたように頼朝の旗揚げの記事が非常に詳しい。ですから、巻の分割の仕方も違っています。延慶本では文章のところどころにここで章段が変わるぞという印を数字で書き込んでいます。章段名は目次にしか書かれていなくて、本文には書いてありません。

左に延慶本『平家物語』の「第二中目次」の後半部を掲げておきます。『平家物語』は普通十二巻仕立てですが、延慶本は六巻とも十二巻ともどちらともとれる仕立てになっています。第二中とはどういうことかというと、第二巻が本、中、末と三つに分割されていて、第二中は普通の『平家物語』でいう四巻と、五巻の前半に当たります。どうしてこのような分け方になるかというと、巻五のところに頼朝挙兵記事が入って話が膨らむので、巻四の方へずれ込んでくるわけです。

●延慶本『平家物語』第二中目次・後半（○印は覚一本にない記事・△印は延慶本の異文が多い記事）

廿一　宮被レ誅給事
廿二　南都大衆摂政殿ノ御使追帰事
廿三　大将ノ子息三位ニ叙ル事
廿四　高倉宮ノ御子達事
○廿五　前中書王事付元慎之事

○廿六　後三条院ノ宮事
廿七　法皇ノ御子之事
△廿八　頼政ヌヘ射ル事（付三位ニ叙セシ事 禍虫）
廿九　源三位入道謀反之由来事

……………………（覚一本ここから巻五）

△卅　都遷事
卅一　実定卿待宵ノ小侍従ニ合事
○卅二　入道登蓮ヲ扶持給事
△卅三　入道ニ頭共現ジテ見ル事
卅四　雅頼卿ノ侍夢見ル事
卅五　右兵衛佐謀反発ス事
卅六　燕丹之亡シ事
○卅七　大政入道院ノ御所ニ参給事
○卅八　兵衛佐伊豆山ニ籠ル事

巻二中の前半は高倉天皇が譲位して厳島へ御幸する、そのころ平家は得意の絶頂にあるけれども、実は以仁王の変の計画がじりじり進んでいる、というあたりです。さらに以仁王の変、橋合戦などが前半の主な記事です。ですから、目次の廿九から右側は以仁王の変の記事ということになります。そして卅から後が都遷のことで、覚一本だとここから巻五になります。しかし、延慶本は頼朝旗揚げの記事が長いものですから、巻五におさまり切れなくてはみ出してきているわけです。

延慶本「物怪之沙汰」

次に掲げるのは皆さんが普通お読みになる覚一本ですと、巻五の「物怪之沙汰」といわれている部分です。延慶本では、さっきお話ししたように巻四の後半にありまして、清盛が都を遷《うつ》してしまった。その後、福原ではいろいろな怪しげなことが起こる。結局、福原には長くいられなくて京都へ戻る。この辺から平家のやることにみるみるけちがついていく、というあたりです。

この「物怪之沙汰」は近世の画家たちが非常に好んで描くところです。浮世絵とか、挿絵画家たちが何種類もの福原の化け物の絵を書いています。この部分の絵を集めて展覧会でもやったらおもしろいのではないかと思うくらい、実にいろいろな化け物の絵が描かれています。

覚一本だとこういう化け物です——まず大頭が清盛をのぞく。次に、よく民話なんかで「天狗の木倒し」といわれる現象で、山の中で大木が倒れる音がして天狗がわっと笑う声だけ聞こえる、行ってみると、そこに大木が倒れているという、それに似た化け物です。福原で何かにつけて木が倒れる音とか天狗の笑う声がするという話。それから庭じゅうにしゃれこうべが転がっていて、それがばっと一つに集まって、目が千万もある十四〜十五畳の一つの大頭になる、そういう話が三つ並んでいます。延慶本はよく似ていますが、実は化け物が違います。ちょっと読んでみましょうか。

抑《そもそも》入道殿、更闌人《かうたけ》定《しづまり》テ、月ノ光モ澄《すみ》ノボリ、名ヲ得タル夜半ノ事ナレバ、心ノ内モ潔ク、「彼《かの》漢高祖ノ三尺ノ剣、坐《ゐなが》ラ鎮二メ天下一ヲ、張良ガ一巻ノ書、立《たちどこ》ロニ登二ル師傅《しふ》一ニ事、我身ノ栄花ニ限リアラバマサラジ」ト覚テ、月ノ光クマナケレバ、終夜《よもすがらなが》詠メテ居給ヘルニ、坪ノ内ニ目一《ひとつ》付タル物ノ長《た》ケ一丈二尺バカリナルモノ現タリ。又傍《かたはら》ニ目鼻モ無キモノ、、是《これ》ニ二尺バカリ増リタル物アリ。又目三《みつ》アルモノ、、三尺計《ばかりまさ》勝リタルアリ。カ、ル物共五六十人並ビ立テリ。入道是ヲ見給テ、「不思議ノ事哉。何物ナルラム」ト思ヒ給ヘドモ、少《すこし》モサハガヌ体《てい》ニテ、「己《おの》レ等ハ何《な》ニ物ゾ。アタゴ、平野ノ天狗メ等《ラ》ゴサンメレ。ナニト浄海ヲタブラカスゾ。罷退《まかりしりぞ》キ候へ」ト有ケレバ、彼《かの》物共、声〳〵ニ申ケルハ、「畏《おそろ》シ〳〵。一天ノ君、万乗ノ主ダニモハタラカシ給ハヌ都ヲ福原へ移《うつす》トテ、年来住《としごろすみ》ナレシ宿所ヲ皆被《やぶられ》レ破テ、朝夕歎キ悲ム事、劫《こふ》ヲ経《ふ》トモ不レ可レ忘。此《この》本意ナサノ恨ヲバ、争《いかで》カ見セザルべキ」トテ、東ヲ指《さし》テ飛行《とびゆき》ヌ。是《これ》ト申《まうす》ハ、今度福原下向事《げかうのこと》、一定《いちぢやう》タリシカバ、可《しかるべき》レ然御堂アマタ壊《こぼ》チ集メ、新都へ可レキ移《うつす》巧《たくみ》有ケレドモ、内裏御所ナドダニモ、ハカ〳〵シク造営無キ上ハ、皆江堀《えほり》ニ朽失《くちうせ》ヌ。依《これによりたま》レ之適《た》マ残ル堂塔モ四壁ハ皆コボタレヌ。荒神達ノ所行ニヤ、浅猿《あさまし》カリシ事共也。

（延慶本第二中―33「入道ニ頭共現ジテ見《みゆ》ル事」）

今我々が知っているああいう愛嬌のある格好をしている天狗は近世になってからのもので、

中世の天狗はもっと恐ろしい、不気味なものです。慢心したものが天狗になり、政治を攪乱するというイメージが非常に強い。「アタゴ、平野」というのは京都では天狗の名所です。「東ヲ指《さし》テ飛行《とびゆき》ヌ」、この東というのは何でしょうか。福原から京都は東でもありますが、多分これは関東、東国ですね、頼朝のいる所。「荒神達ノ所行ニヤ、浅猿《あさまし》カリシ事共也」とあります。荒神というのは、どうも仏教上の番神と民族信仰とがごちゃまぜになったようなもので、調べてみると、竈神《かまどがみ》と混同されて、屋敷神——屋敷を守る神や、村の鎮守なんかも荒神というとあります。延慶本には他にも「荒神」という言葉が出てくるのですが、ここでは何かというと、福原へ都を遷したためにたくさんの京都の由緒ある建物が壊された、それに憤懣やる方なくて出てきた化け物たちです。これがまず一回目の化け物。続けて読みますと、

入道、猶《なほ》月ヲ詠《なが》メテヲハスレバ、中門ノ居給ヘル上ニ、以外《もってのほかに》大《おほき》ナル物ノ踊ル音シケリ。暫ク有テ坪内《つぼのうち》ヘ飛下《とびおり》タリ。見給ヘバ、只今切タル頭《かう》ベノ血付《つき》タルガ、普通ノ頭《かう》ベ十計《ばかり》合セタル程ナルガ、是《これ》ノミナラズ、曝《サ》レタル頭共アナタコナタヨリ集《あつまり》テ、四五十ガ程並ビ居タリ。面々ニ訇《ののし》リケルハ、「夫《それ》諸行無常ハ如来ノ金言ト云《いひ》ナガラ、六道四生ニ沈淪シテ、日夜朝暮ノ悪念ヲ起事《おこすこと》、併《しかしなが》ラアノ入道ガ故也。成親卿ガ備中ノ中山ノ苔ニ朽チ、俊寛ガ油黄ガ島ノ波ニ流《ながさ》レシ事、先業ノ所感トハ知《しり》ナガラ、心憂カリシ事共ナリ」ト面々ニ云ケレバ、生頭《ナマかう》ベ申ケルハ、「夫《それ》ハサレドモ人ヲ恨ミ給《たまふ》ベキニ非ズ。少シ巧《たく》ミ給タル事共ノ有ケルゴサンメレ。行忠ハ朝敵ニモ非ズ、旧都ヲ執シテ新都ヘ遅ク下《くだり》タリト云《いふ》咎ニ依テ、当国深夜《フカヤ》ノ松西野ト云所ヘ被二責下《せめくだされ》一、無レ故《ゆゑなく》頸ヲ被レ刎《はねらるること》事、哀レト思食《おぼしめ》サレズヤ。哀レ、ゲニイツマデアノ入道

ヲウラメシト、草ノ陰ニテ見ンズラム」ト云ケレバ、入道ノロ〳〵シク、オドロ〳〵シク思《おもひ》ナガラ答ヘ給《たまひ》ケルハ、「汝等、官位ト云《いひ》、俸禄ト云《いひ》、随分入道ガ口入《こうじゅ》ニテ人トナリシ者共ニ非乎《あらずや》。無レ故君ヲ奉《たてまつり》レ勧メ、入道ガ一門ヲ失ハムトスル科《とが》、諸天善神之擁護ヲ背クニ非乎《あらずや》。自《みづからが》科《とが》ヲ不レ顧ミ、入道ヲ浦見《うらみ》ン事、スベテ道理ニ非ズ。速《すみや》カニ罷出《まかりいで》ヨ」トテ、ハタト睨《ニラマ》ヘテヲハシケレバ、霜雪ナドノ様ニ消失《きえうせ》ニケリ。

「夫《それ》諸行無常ハ如来ノ金言ト云ナガラ」、金言というのは仏の言葉ですね。ついでに申しますと、「諸行無常」という言葉は意外なことに覚一本では序文以外にはほとんど出てきません。せいぜい二個所ぐらいでしょうか。それも平家に関して露骨には出てこない。ほかの人の運命についてちょっと出てくるだけです。ところが、延慶本のような読み本系になると、そこらじゅうに「諸行無常」という言葉が出てきます。これも文学としての性格の違いの一つだと思います。

ここでいささか不思議なのは、このごろんと落ちてきた生首なのですが、「行忠ハ朝敵ニモ非ズ」と「行忠」という人名が突然出てきます。この行忠というのは歴史資料を調べても出てこない。これだけで見ると下級官人かなにかで、ぐずぐずしていたのをサボタージュと見られて処刑され、それを恨みに思って化けて出てきたということですが、この行忠は突然ここに出てきて前にも後にも全く何の説明もないのです。こういうのがこの読み本系の困ったところというか、おもしろいところで、こういう記述を見ると一見、本当らしく見えるんですね。いかにもその当時の記録をどこからか切り取ってきたかのように見える。もう一シーンあります。

月モ西山ニチカヅキ、鳥モ東林に鳴《なき》ケレバ、入道中門ノ一間《ひとま》ナル所ヲ誘《こしら》へ給ヘル所ニ立入テ、休ミ給ハムトシ給ヘバ、一間ニハヾカル程ノ首《かう》べ、目六《むつ》有ケルガ、入道ヲ睨マヘテ居タリケリ。入道腹ヲ立《たて》、「何《いか》ニ己等ハ、一度ナラズ二度ナラズ淨海ヲバタメミルゾ。一度モ汝等ニハナブラルマジキ物ヲ」トテ、サゲ給ヘリケル太刀ヲ半《なか》ラ計《ばか》リヌキカケ給ヘバ、次第ニ消テ失《うせ》ニケリ。恐シカリシ事共也。

「何《いか》ニ己等ハ、一度ナラズ二度ナラズ淨海ヲバタメミルゾ」の「ためみる」というのは、こういうふうに力関係を試すような行動をいいます。「ためしみる」の誤植ではありません。というわけで、三つのシーンとも覚一本とは違っています。いわば清盛は目に見えない世界の怨霊をも怒鳴りつけて消すだけの力があったのに、最後に大仏を焼いたがために熱病で滅びていく。この凄みが私は気に入っています。さらに、その次を見ていただきたいのですが、

異国ニカヽル先蹤《せんしょう》アリ。秦始皇ノ御代ニ漢陽宮ヲ立テ、御宇卅九年、九月十三夜ノ月ノクマナカリケルニ、主上ヲ奉レ始《はじめたてまつり》テ、槐門、丞相、亜将、黄門ヨリ、宮中ノ月ヲ翫《もてあそびたまひ》給シニ、阿房殿ノ上ニ、ハヾカル程ノ大首《かう》べノ、目ハ十六ゾ有ケル、官軍ヲ以テ射サセケレバ、南庭ニ下テ鳥ノ卵《かひ》ゴノ様ニテ消失《きえうせ》ヌ。是ハ燕丹、秦武陽、荊軻大臣等ノ頸ト云ヘリ。此後《こののち》幾

程無《なく》テ六十一日ト申《まうす》ニ、始皇失給《うせたまひ》ヌ。「此例《この》チ思《おもふ》ニハ、入道殿ノ運命、今幾程アラジ」トゾサ、ヤキケル。

清盛の運命と秦の始皇帝の運命とを重ね合わせているのですね。でも実はこれは嘘です。『史記』を調べると、秦の始皇帝に在位三十九年というのはない。三十八年で亡くなっています。しかも亡くなる六十一日前が九月十三夜だったというのも嘘で、七月に亡くなっている。読み本系の『平家物語』は漢文をあちこちに引用したりして、もっともらしくいろんな知識をひけらかしていいます。非常に教養のある人が書いたかのように見えるのですが、要するに「入道殿ノ運命、今幾程アラジ」ということがいいたかったわけで、つまり、『平家物語』はつくり話なのです。事実や史料に近いからもとの形に近いと思うと、まんまと罠にひっかかるんですね。後からもう一回史料を調べ直して作り直すこともできる。現に源平盛衰記なんかはそういう『平家物語』です。明らかに後から貴族の日記などを見て書き直しています。だから、『平家物語』の諸本というのはおもしろいのです。諸本がいろいろあって、それぞれが、こういう『平家物語』が理想だと思って作られ、作り変えられ続けて四百年間変わり続けた、そういう文学なのです。

「平家の」物語から我々の物語へ

『平家物語』の成立を、当時の平家の一族と結びつけたり、歴史上の事件と結びつけたりして、作者や成立年代を定めようとする動きが研究者の間では盛んに行われています。その作業自体は貴重なものだと思うのですが、私は「平家の」物語であった間は私たちの『平家物語』ではなかったと思っているのです。

『平家物語』の原型が「平家の」物語から離陸したとき、その瞬間こそが『平家物語』の誕生であった、というべきでしょう。

『平家物語』はよく武士の死に方を描いているといわれますが、私はそうは思っていません。どう死ぬかはどう生きるかであって、死にざまが描かれるということは、その人の生きざまが描かれていることだと思います。男が死んだ後に、残った女たちがどのようにその後の人生を送っていくか――途中で無残にたたき落とされてしまった人々の人生を、ずっと抱きつづけてともに死に直していく、そういう生き方の話も語られています。つまり『平家物語』は実は死の様式美の話などではなく、それぞれに生きぬいた者たちの物語であり、だからこそ平家の人々だけでなく私たちすべてにとっての生と死の物語になったのです。

私が『平家物語』で感動するのは、志を貫いて死を迎えるところです。これが『太平記』になるとそうはいかない。志を抱くのだけれど、それがすべて空しくついえていくのが『太平記』なのです。次から次へと意志を持って飛びかかるけれども、結局は全部むだになっていく。それが『太平記』の世界です。『平家物語』の時代は志が果たされる。捕虜になって処処刑されたりする場合には、自分の思うとおりには死ねないわけですが、敗れていく者のそばに、その思いを受けとめてやる者が必ずいる。『平家物語』は、ぎりぎりに追い詰められて、運命の前で何もできない人間がひねりつぶされていくときに、それでもなお、人間に何ができるかを語る文学である、と私は思っています。ぎりぎりの極限状況下にあって人間に何ができるかということは、実は『平家物語』だけでなく、中世文学を貫くテーマでもあるのです。

□参考文献

五味文彦『平清盛』吉川弘文館　平成十一年
元木泰雄『平清盛の闘い』角川書店　平成十三年
安田元久『後白河法皇』吉川弘文館　昭和六十一年
赤松俊秀『平家物語の研究』思文閣　昭和五十五年
上横手雅敬『平家物語の虚構と真実』講談社　昭和四十八年
山田昭全『平家物語の人びと』新人物往来社　昭和四十七年
松尾葦江『平家物語論究』明治書院　昭和六十年
福田　晃『京の伝承を歩く』京都新聞社　平成四年
櫻井陽子『校訂延慶本平家物語（四）』汲古書院　平成十四年
松尾葦江『校訂延慶本平家物語（五）』汲古書院　平成十六年

第三章——後白河院

［日本一の大天狗］

「大原御幸図屏風」　長谷川久蔵筆　後白河院が大原に隠棲する建礼門院を訪れる

其ノ壱

院政、はじまる

「治天の君」の専制

◉怖いもの知らずの白河院

京都・白河は左京区岡崎のあたりをいい、現在は平安神宮や美術館などがある文化の香り高いところ。ここを流れる白川は東山を源として花崗岩質の砂を運ぶため、その名の通り白い川底を見せている。現在こそ景観上の理由で高い建物はあまり見られないが、今から約千年も昔、ここ白河には八〇メートルを超す高さの塔があった。八角九重の奇観を誇ったこの塔は、時の帝・白河天皇が法勝寺《ほっしょうじ》の伽藍の一つとして建てたもの。法勝寺は「国王之氏寺」と呼ばれ、白河天皇が権力をふるったことを象徴する豪壮な建造物であった。

白河天皇が譲位した時、後継の堀河天皇はまだ八歳。それまでは幼帝の場合、藤原氏出身の摂政が為政者となったが、前帝の後三条天皇から天皇親政が行われ、彼のとった荘園整理政策により摂関家の経済的繁栄が抑制されたためもあって、次第に摂関家の政治力は弱体化していた。よって白河天皇が退位後（上皇という）も政権を握ったのは、時代の流れによる自然の成り行きといえよう。

これが上皇の住まい「院の御所」での執政、つまり「院政」のはじまりである。

「治天の君」白河院の院政は市中の各所に

安楽寿院　白河院が造営した鳥羽離宮に、鳥羽院が無量寿仏三尊を安置したのが始まり。院の菩提所となる

あった「院の御所」のほか、譲位前に造営を始めた離宮・鳥羽殿において行われた。鳥羽は京都への物資が送り込まれる水運の要地。ここに白河院は広大な離宮を構え、京都の経済機能を掌握しようとしたのである。

その跡を訪ねてみれば、安楽寿院と鳥羽離宮公園にわずかな面影を残すのみだが、白河院、鳥羽院、近衛天皇の陵墓は、激しく車の行き交うバイパスの喧噪をしり目に、深閑として緑をたたえている。

安定期に入った白河院政では、後三条天皇に引き続いて摂関家抑圧策をとった。関白藤原忠実を事実上罷免するという前代未聞の命を出すなど、徹底したものだった。身分の低い貴族を「院近臣《いんのきんしん》」としてとりたて、さらに院を守るため警備組織を整備し、院の御所の北面に多くの武士たちを置いた。この組織は白河院を悩ませていた南都北嶺の僧兵を抑えるための役割をも果たした。

武士の世の足音が聞こえ始める。

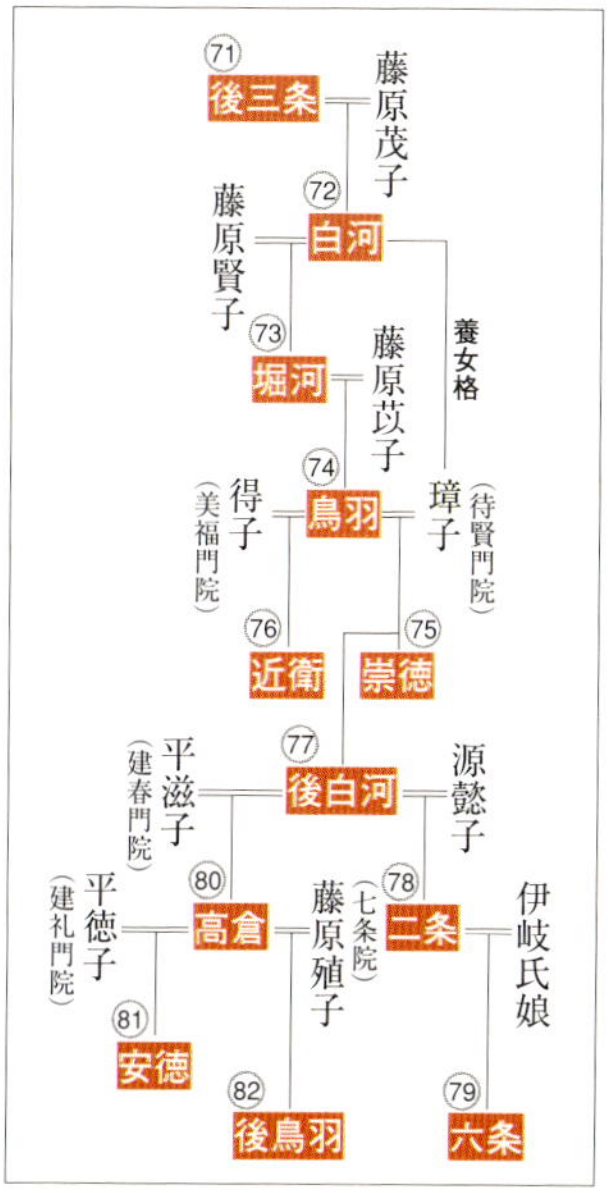

皇室系図

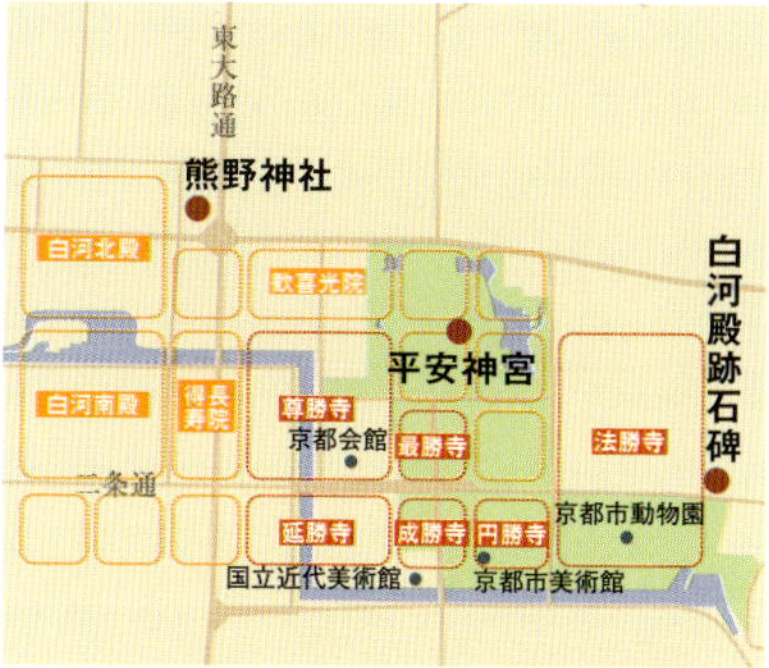

――『平安京提要』（角川書店）をもとに作成――

六勝寺は岡崎の地に次々と建立された寺々の総称で、法勝寺（白河院）のほか、尊勝寺（堀河天皇）、最勝寺（鳥羽院）、円勝寺（待賢門院）、成勝寺（崇徳天皇）、延勝寺（近衛天皇）がある。目印となる平安神宮はJR「京都駅」前から市バス5・100系統、または「三条京阪駅」から市バス5系統、または「河原町駅」から市バス5・32・46系統「京都会館美術館前」下車、すぐ

●後白河天皇「とりあえず」即位

白河院は堀河天皇の死後、わずか五歳の孫・宗仁親王（鳥羽天皇）を皇位につける。白河院の権力は急速に絶大なものとなっていく。このとき藤原公実の娘・璋子《たまこ》（のちの待賢門院《たいけんもんいん》）を養女格として育てていた白河院は、真昼間から自らの懐に璋子の足をさし入れて添い寝するほど溺愛しており、やがて二歳年下の鳥羽天皇の中宮に据える。璋子は翌年、第一皇子顕仁親王を生んだ。実はこの親王は白河院の子であると噂が流れ、実際に院はこの顕仁を寵愛する。顕仁が五歳になると、まだ二十一歳の鳥羽天皇を退位させ、代わりに即位させてしまった。崇徳天皇である。

　ところが、その六年後に白河院が崩御すると、退位させられた鳥羽院のそれまでの反白河院感情が一気に

城南宮　「王城の南」を守る社として、院たちは「方除け」のための御幸や精進所とした。華やかな鳥羽殿の名残を伝える古社。社を取り囲む神苑は「源氏物語花の庭」などがあり、古典に出てくるいろいろな植物を楽しめる。4月と11月の「曲水の宴」は有名

鳥羽・安楽寿院の近くにある石碑

噴き出した。白河院寵愛の待賢門院璋子は不遇となり、白河院が罷免した前関白藤原忠実は政治的に復権させられた。さらに、藤原長実の娘得子（のちの美福門院）が鳥羽院に入内し、寵愛を独占することとなった。そして躰仁《なりひと》親王が生まれたため、鳥羽院は白河院の皇子である可能性の高い崇徳天皇を退位させ、わずか三歳の躰仁を即位させてしまった。近衛天皇である。ところがこの天皇は子のないまま、十七歳で崩御する。

さて、皇位継承者をどうするか。

退位させられた崇徳上皇は、自ら再び即位するか、我が子重仁親王を即位させた上やがて自分が院政を執るか、いずれかに期待した。一方、上皇の同母弟である第四皇子の雅仁親王（大治二年、一一二七生）には守仁親王という幼い皇子がいた。この皇子はなかなか聡明であり、美福門院得子の養子として育てられたため、鳥羽院政の庇護下で権勢を誇る美福門院や関白忠通（前関白忠実の長子）らの一派は守仁を後継として推す。しかし父である雅仁をさしおいて幼い守仁に即位させるのは不穏当、という声があがった。先に父親を皇位につけ、そのあと守仁に継がせよう――そうした思惑が雅仁親王の「とりあえず」の即位へと導いた。

久寿二年（一一五五）、後白河天皇の登場である。

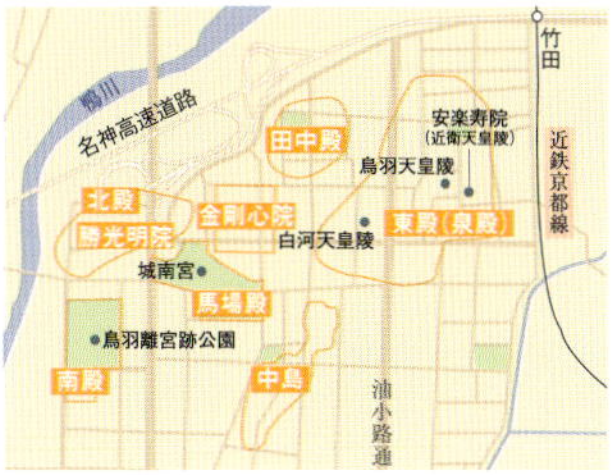

鳥羽離宮公園（鳥羽殿跡）はJR「京都駅」前から市バス19系統「城南宮」下車、すぐ

其ノ弐

後白河院、たくらむ

乱世をしたたかに

◉「武者《ムサ》ノ世」のはじまり

後白河天皇が即位して一年後の保元元年（一一五六）、鳥羽院の死去をきっかけに、院の専制に抑えられていた不満分子が、一気に動き始めた。

異母兄である関白忠通と勢力争いをしていた左大臣藤原頼長は、反美福門院感情を抱く崇徳上皇と組む。上皇は自分と子息重仁親王の進路をわがままな美福門院に妨げられていたためである。上皇方の中心戦力は清和源氏の嫡流・源為義。

頼長らの動きを察知した後白河天皇と関白忠通は、敵将為義の長男・義朝や平清盛を頼みとし、七月十一日未明、上皇方の軍兵が集まる白河殿を急襲した。「保元の乱」である。戦は数時間で天皇方の勝利に終わった。

短い合戦ではあったが、歴史的意義は大きい。慈円の『愚管抄《ぐかんしょう》』には「保元以後ノコトハ、ミナ乱世ニテ侍レバ（中略）武者ノ世ニナリニケル也」とある。貴族間の政争において武力を利用するようになったのはこの保元の乱からだった。平清盛、源義朝らに恩賞と

東福寺六波羅門　平家政権の中心だった六波羅第の遺構といわれる。鎌倉幕府滅亡の折、足利尊氏が六波羅を攻めた時につけられた矢傷が残る

『平治物語絵詞』狩野栄信筆より　「三条殿夜討巻」江戸時代の模本。信西を倒すべく、信頼は義朝と組んで後白河院の仮御所「三条殿」を夜襲。後白河院は信頼軍によって大内裏に拉致される

官位が与えられたことにより、一層武士の存在価値が高まる世となっていった。

　乱の後、天皇の乳母の夫として天皇方の主導権を握っていた信西《しんぜい》（藤原通憲）は天皇の名のもとに荘園を整理し、大内裏を造営し、朝廷の諸儀式を復活させた。そして保元三年八月、後白河天皇は期待されたとおり僅か三年で守仁親王に譲位してしまう。これより後白河院と信西の二人三脚による院政が始まるが、二人への権力の集中がさまざまな対立を生み出す。

　後白河院に代わって即位した二条天皇は賢主のほまれ高く、天皇親政派が生まれ、後白河院派と対立するようになる。後白河院派の中でも、院の寵臣であった藤原信頼と信西が対立する。武士間では、信西らが優遇した平清盛と、処遇に不満を抱いていた源義朝との対立が深まった。

　ついに平治元年（一一五九）、信西・清盛らの一派と、信頼・義朝ら反対派が衝突、平治の乱が始まる。信西は捕らえられ処刑さ

平治の乱の関係人物

	勝	負
藤原氏	信西（通憲）	信頼
平氏 源氏	清盛	義朝
	重盛	義平 頼朝

保元の乱の関係人物

	勝		負	
皇室	弟	後白河天皇	兄	崇徳上皇
藤原氏	兄	関白忠通	弟	左大臣頼長
平氏	甥	清盛	叔父	忠正
源氏	兄	義朝	父 弟	為義 為朝

『年中行事絵巻』巻一 「朝覲（ちょうきん）行幸 舞御覧」 後白河院の要望で作られた絵巻。この場面は正月の行事で、天皇が後白河院の御所・法住寺殿に行幸し、舞を見ている。正面の簾からはみ出る黒い衣が後白河院

れたが、最後に二条天皇を六波羅に迎え入れ、勅命を受けて戦うという形をととのえた平清盛が大奮闘し、自派を勝利に導いた。

●平氏にあらずんば人にあらず

乱後、後白河院は軍事力を一手に掌握した清盛と急速に接近する。清盛は後白河院の権力をたよりに一門の栄達をはかり、院は清盛を協力者とすることで、その武力を政権の支柱とした。

「治天の君」後白河院はいよいよ専制君主としての道を歩み始める。

もともと信心の篤い後白河院は、嘉応元年（一一六九）に出家し、法皇となる。同じ頃、清盛も出家を果たした。しかし二人の権勢欲は衰えることなく、特に清盛は娘徳子を高倉天皇の女御として入内（のちの建礼門院）させ、天皇の外戚という地位をねらう。

平家の傍若無人の振る舞いが目立ち始めたのもこの頃で、協調策をとってきた後白

現在の法住寺

河院もこの専横ぶりには閉口。そこで、かねてから悩まされていた寺院勢力を清盛に討たせ、双方の武力をそぐ計略を思いつく。ところがいよいよ出兵という段階で、院近臣らによる平氏打倒の企てが暴かれた。いわゆる「鹿《しし》ヶ谷《たに》の陰謀」事件である。首謀とみられた院は平氏の軍兵に囲まれたが「こは、されば何事ぞや、御とがあるべしとも思召《おぼしめ》さず」としらをきったという。

院に対して警戒を強めた清盛はその翌々年の治承三年（一一七九）、ついに朝廷を制圧。後白河院は鳥羽殿に幽閉された。

その翌年、清盛の軍事的独裁政権のもとで、清盛の孫にあたる安徳天皇が即位。いよいよ外戚の地位を確保した平氏政権が磐石となったかと思われたが、密かに後白河院の第二皇子以仁王《もちひとおう》が平氏追討の令旨を諸国源氏に発していた。この挙兵は鎮圧されるが、これが源平内乱の幕開けとなった。

この挙兵を機に福原遷都を断行した清盛は、多くの貴族たちの反感を買う。しかも以仁王の令旨が効果を現わしはじめ、伊豆の源頼朝の挙兵など全国的に平氏追討の気運が高まり、さらに南都北嶺の寺院勢力も敵に回った。平氏は四面楚歌となって平安京へ還都。ついに後白河院に院政を要請し、院は政治世界へ蘇る。翌る治承五年（一一八一）、時代の移り変わりを告げるように、清盛は熱病によって死去した。

平家一門が集住した六波羅は現在の鴨川の東、五条から七条にかけての地域。葬送の地であった鳥辺野の入口であり、当時の貴族には忌まれていたが、交通の要所であるため、ここに居を定めたとされる。貴族の価値観からはほど遠いこの現実主義は、新興勢力である武士の性質をよく表していよう。

●権力への強い執念

清盛の死後、源頼朝は東国において独立的支配を成し遂げていた。以仁王の令旨はいまだ効力を保ち、その名目で木曽の源義

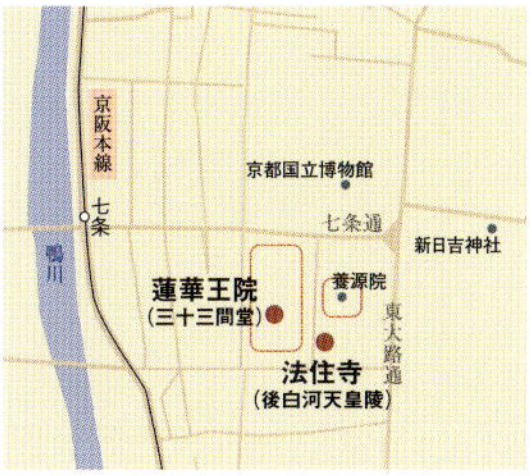

法住寺及び三十三間堂はJR「京都駅」前から市バス206・208系統「博物館・三十三間堂前」下車、すぐ。または「河原町駅」から市バス207系統「東山七条」下車、すぐ。または京阪本線「七条駅」下車、徒歩3分

後白河院画像　『天子摂関御影』天子巻「後白河院」　策略家のような、気弱なような……

仲が一気に平氏を攻め、ついに平家一門は天皇を奉じて都を落ちることとなった。

ここで後白河院はたくらむ。平氏都落ちの動きを知った院は密かに比叡山に逃げ、入京した義仲に平氏追討の院宣を授けた。さらに翌寿永三年（一一八四）に頼朝にも同様の院宣を下す。軍勢を立て直して福原付近まで上って来ていた平氏は院からの和平の使者が訪れると聞いていたのに、一ノ谷において源氏の強襲にあう。院のだまし討ちであった。

ここで大敗した平氏は源義経の追撃によって、ついに壇ノ浦で滅亡する。

平家討伐によって頼朝は事実上「天下兵馬の権」つまり軍事権力を掌握した。

そこで後白河院はたくらむ。平氏追討で武勲をあげた義経が兄・頼朝の推挙なく任官されたことで、兄弟の関係には亀裂が生じていた。それに乗じて後白河院は義経に頼朝追討の院宣を下す。これに対し頼朝は関東の軍兵を京都に送り込んできた。狼狽した院は今度は頼朝に義経追討の院宣を下し、平家を滅ぼした英雄である義経は死に追いやられる結果となった。こうした後白河院の便宜主義に対し頼朝は「日本国第一の大天狗」と言い放った。

後白河院の策略は常に武力と武力をぶつけさせて、そこからこぼれる甘露を吸い上げることにあった。それは台頭しつつある武士勢力に真っ向から対抗できない公家政権の、唯一の存続手段であったのかもしれない。

長講堂　後白河院が源義仲に法住寺殿を焼かれた際に移った六条殿に設けた持仏堂が起源。御影堂には江戸期制作の「後白河院法皇御像」が安置され、四月に開扉

長講堂はJR「京都駅」前から市バス17・205系統「河原町五条」下車、すぐ

頼朝は当初から朝廷と正面から対立するつもりはなかった。頼朝が後白河院に送った三カ条の申状に、自ら支配する国衙領《こくがりょう》・荘園を朝廷の統治権下に戻すことなどが記されており、頼朝は朝廷の国家公権の保持を認めつつ、それとひきかえに、武士社会に君臨する事実上の支配者と認められることを望んだのである。

京都に朝廷があり続けたのは、このような武士たちの「天皇制」に対する意識が底辺にあったためである。さらに、時代の転換期に何度も幽閉され、翻弄された後白河院の、自己愛にも似た権力への強い執念が公家政権を存続させたといえよう。

群雄が政争、戦乱の中で死にゆくなか、後白河院だけは大音声で念仏を七十遍も唱えつつ、建久三年（一一九二）穏やかに六十六歳の生涯を閉じた。現在、三十三間堂にほど近い法住寺の左手の細道を辿ると、今もなお静かに後白河院が眠る法住寺陵がある。

後白河天皇陵（法住寺陵）

大原御幸
悲劇の女性・建礼門院をたずねて

西の山の麓に一宇の御堂あり。即ち寂光院これなり。旧う作りなせる泉水木立、由ある様の所なり。「甍破れては霧不断の香を焼き、扉《とぼそ》落ちては月常住の燭を挑《かか》ぐ」とも、かやうの所をや申すべき。庭の若草茂り合い、青柳糸を乱りつゝ、池の浮き草浪に漂ひ、錦を曝すかとあやまたる。

『平家物語』は哀れ深い語り口で、当時の寂光院の美しくもさびれた風情を描き出す。

京都市内から「大原三千院行き」のバスに乗り、大原のバス停を降りると、多くの人は右の三千院をめざす。しかし『平家物語』の一節を想像しつつ、左への道を選ぶ。道こそ狭いが、山裾ののどかな田園風景が広がり、時おり大原女《おはらめ》を想起させる手ぬぐいを頭に巻いた農家の女性に出会う。ころころと流れる川音に耳をそばだてつつ進むと、清涼な木立に囲まれた寂光院の門前にたどりつく。

ここは平清盛の娘徳子（建礼門院）が、出家のあとに隠棲した寺。平家一門、そして息子である安徳天皇とともに壇ノ浦にて入水を遂げることかなわず、一人京に連れ戻された建礼門院はここで静かに一門の菩提を弔っていた。

壇ノ浦の悲劇の一年後、後白河院はふいにこの寂光院を訪れる。謡曲にもうたわれる「大原《おはら》御幸《ごこう》」である。身の浮沈と世の無常を語りつつ、二人は日暮れまでともに時間を過ごした。自ら平家を追い落とすのに加担した院は、どのようにこの悲劇の女性に接したのであろうか。後白河院を大原に導いたものは、権謀術策に明け暮れる日々にふとよぎった無常の念だったのかもしれない。

寂光院の本堂は豊臣秀頼の母・淀君の発願で再建され、その閑寂なたたずまいが長く愛されてきたが、二〇〇〇年に放火によって焼失した。痛々しく門を閉ざしていたが、二〇〇五年六月に本尊・本堂ともに復元され、再び『平家物語』の情趣を取り戻している。

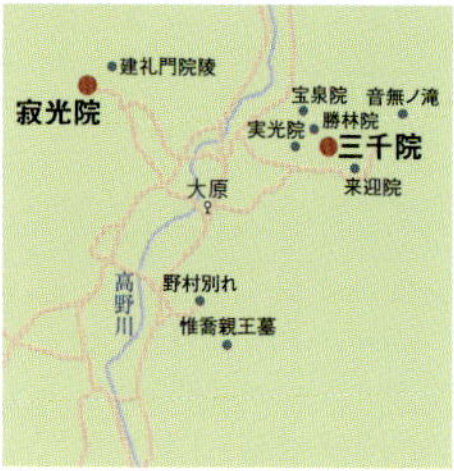

寂光院はJR「京都駅」前または京阪「出町柳駅」または地下鉄烏丸線「国際会館駅」から京都バス「大原」下車、徒歩15分

其ノ参

後白河院、うたふ

遊芸に神仏を求めて

●今様三昧

「そのかみ十余歳の時より今に至るまで、今様好みて怠る事無し。昼は終日に謡ひ暮らし、夜は終夜謡ひあかさぬ夜は無かりき。……あまり責めしかば、喉腫れて、湯水通ひしも術無かりしかど、構へて謡ひ出しにき」

後白河院の「今様」に対する熱中ぶりが伝わるこの一文は『梁塵秘抄《りょうじんひしょう》』口伝集《くでんしゅう》巻十にある。

『梁塵秘抄』とは後白河院が歌詞集と口伝集に分けて自ら編んだ今様という歌謡の集大成。今様は「現在の流行歌」という意味で、平安中期から謡われてきた。今様の主な担い手は傀儡子《くぐつ》・白拍子《しらびょうし》・遊女《あそび》などの流

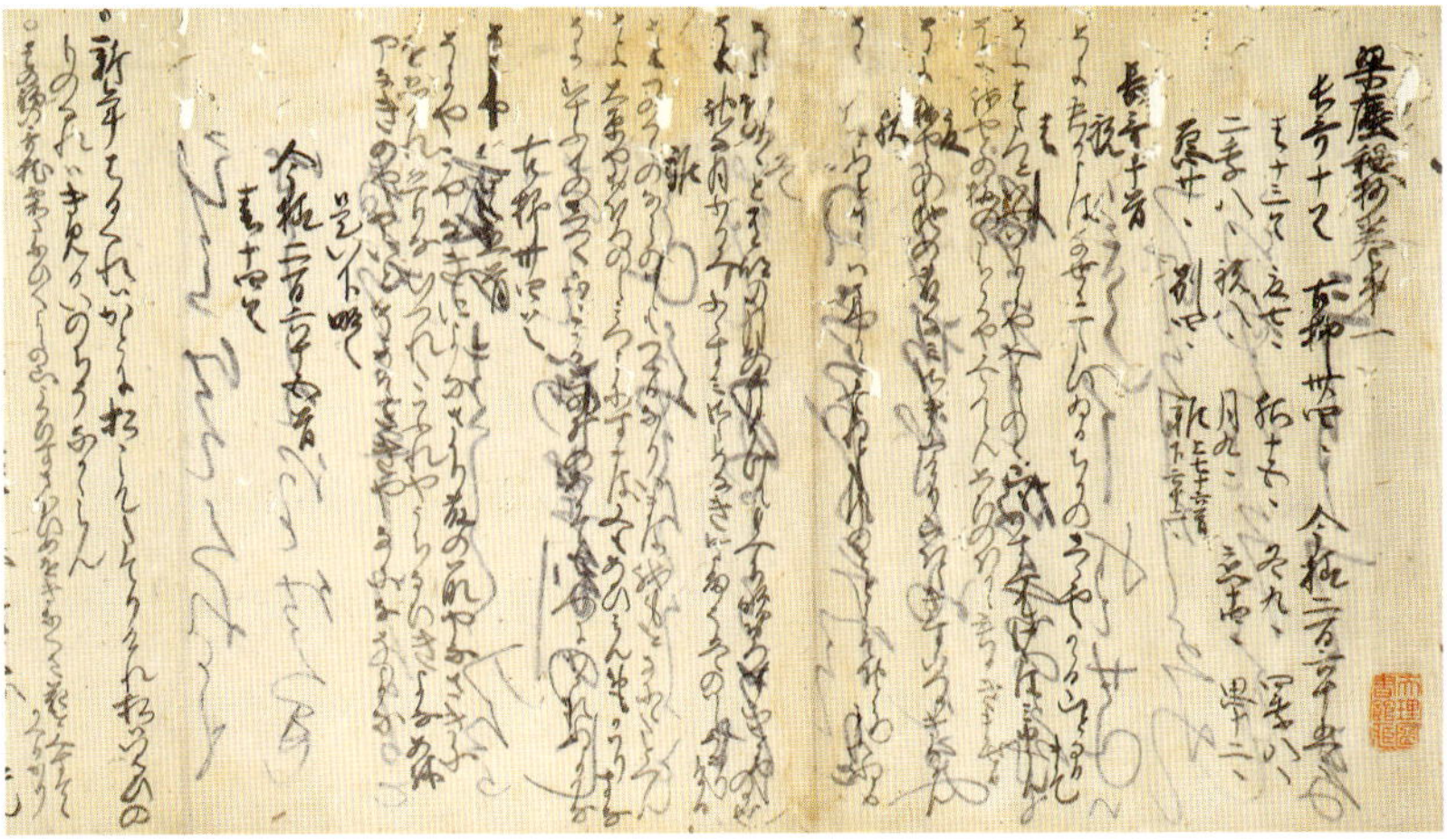

『梁塵秘抄』綾小路本

『法然上人絵伝』「梁塵秘抄」に「遊女の好むもの 雑芸 鼓 小端舟 翳し艫取女 男の愛祈る百大夫」というのがある。この絵はまさに詞章の遊女の様子を表している。雑芸には今様が含まれる

熊野神社

新熊野（いまくまの）神社

浪の芸能民だったが、後白河院は今様好きが高じ、これら下層民を平気で宮廷に入れて謡わせる。当時の貴族たちにしてみれば、信じがたい行為であった。

　慈円の『愚管抄』には鳥羽院が若い頃の後白河院について「イタクサタダシク（とても評判になるほど）御遊《おんあそ》ビナドアリトテ、即位ノ御器量ニハアラズト思召テ」とあり、あまりの遊芸好きに、とても天皇になる器量などない、といっている。待賢門院璋子の皇子であったため鳥羽院政から疎外され、皇位への前途も閉ざされていた当時の後白河院は、遊芸に明け暮れていたと思われる。

●「声」と「数」の信仰

　ところが後白河院の今様好きは即位後も変わらない。次々と勃発する政変に翻弄されつつも、院は熊野詣を三十四回も行った。道すがら芸能民と接しては、今様を声高に謡う。歌を謡うことは、古来の神事にもみ

京都三熊野　34回も熊野詣をした後白河院が熊野から都に勧請した三つの神社。土砂花木なども熊野から移植した

『梁塵秘抄』四句神歌

> 熊野に参らむと思へども、徒歩（かち）より参れば道遠し、すぐれて山峻（きび）し、馬にて参れば苦行ならず、空より参らむ、羽賜（た）べ若王子

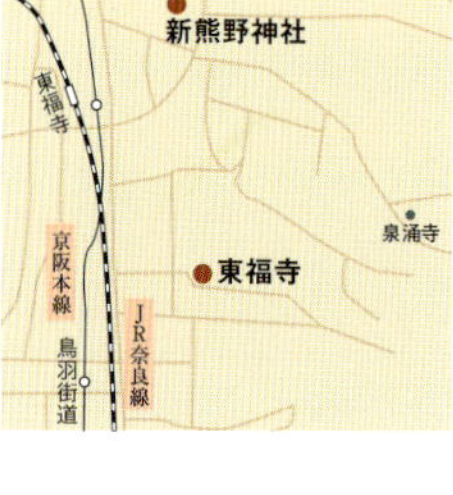

東福寺はJR奈良線または京阪本線「東福寺」下車、徒歩5分。新熊野神社はJR「京都駅」前から市バス208系統、または「河原町駅」から市バス207系統「今熊野」下車、すぐ

熊野若王子（くまのにゃくおうじ）**神社**

られるように、神と交感するための一つの手段であった。後白河院は特にその意識が強く、口伝集には「心をいたして神社仏寺に参りて歌ふに、示現をかうぶり、望む事叶はずといふことなし」とある。また、同じく「世俗文字の業、翻して讃仏乗の因、などか転法輪にならざらむ」とも記されており、後白河院にとって今様は「法楽」つまり神仏に手向けるわざでもあった。

一方、後白河院は「数」に対して強い信仰を持っていたと思われる。例えば院が清盛に建立させた三十三間堂の千体仏は、その「数」でみるものを圧倒し、整然と並んだ空間は無量の仏世界を彷彿とさせる。

三十四回に及ぶ熊野詣も、急峻な修験道を越えることを苦行とみなし、困難をおして詣でることで神の世界に近づけると信じていたのかもしれない。

今様三昧にも同じことが言える。口伝集に「千日の歌も歌ひ通してき」とあり、回数を定め夜昼なく歌い続けたとみられ、声

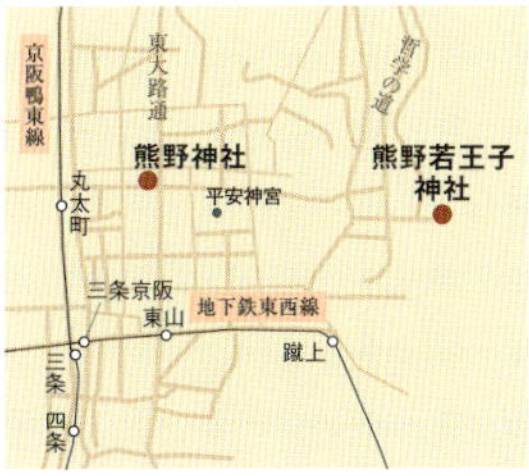

熊野神社はJR「京都駅」前から市バス206系統「熊野神社前」下車、すぐ
熊野若王子神社はJR「京都駅」前または「三条京阪駅」または「河原町駅」から市バス5系統「南禅寺・永観堂道」下車、徒歩5分

を三度もからすほどの肉体の酷使は、熊野詣にもつながる信仰のかたちだった。

なぜ後白河院は公家、貴族文化の正道である和歌ではなく、歌謡に執着したのか。

時代はまさに転換期であり、武士たちの怒声、馬蹄の音、すべてが現実的に宮廷内にせまっていた。後白河院は我が身を切り刻むばかりの切実な思いで信仰にすがらざるを得なかったのだろう。観念の世界で作られる和歌以上に、肉体で感じ取る今様は後白河院の嗜好に合った。

院政期は、武士の勃興とともに、庶民が歴史の舞台に現れる時期だった。『今昔物語集』に見られるいきいきとした庶民や、後白河院が描かせた絵巻の中の庶民を見てもそれは明らかである。

今様を担う下層民たちを宮廷に招いたのは、転換期を迎えた時代の一典型である後白河院の象徴的な行動だったといえよう。

三十三間堂内陣　1001体の千手観音が本尊。124体は創建当時のもの、その他は鎌倉期の火災後の再建の際、約16年かけて復興された。

後白河院と院の御所

朧谷　寿

序　院政時代

本日のお話は大きく二つのテーマに分かれています。一つは、後白河が生まれた院政期とはどういう時代であり、後白河はどういう人物であったか、もう一つは、現在、京都東山の一角にある法住寺を中心に広大な面積を誇った院の御所、法住寺殿についてです。

後白河の時代を一般に院政時代と呼んでいます。院政期の前の十、十一世紀は摂関期と呼ばれる時代です。これは摂政・関白が、自分の娘が生んだ子、すなわち外孫を天皇にして後見するといった政治体制です。

ところが院政は違います。かつて天皇であった人が上皇となって、自分の息子あるいは孫を天皇に立てて政治を行なう、それが院政です。ですから、摂関制は母権制であると言う人がいます。女性の力が大きく介在している、娘が頼りということになります。それに対して院政は父権制であり、つまり父が子供あるいは孫を後見する体制です。

その院政を始めたのは白河上皇（一〇五三〜一一二九、在位一〇七二〜八六）ですが、次いで鳥羽、後白河、後鳥羽というふうにつながってまいります。白河天皇が三十四歳という若さで天皇をおりて、子供の堀河天皇を八歳で天皇につけます。そして自らは上皇となって政治を後見する、応徳三年（一

朧谷　寿（おぼろや　ひさし）
同志社女子大学教授。同志社大学文学部文化史学専攻卒業。紫式部顕彰会理事、源氏物語アカデミー監修者も務める。専門は日本古代史、特に平安時代。文学作品や絵巻物、さらに祭の取材や遺跡調査などから平安時代の生活、文化を多角的に読み解く。主な著書に『源頼光』（吉川弘文館）、『清和源氏』（教育社）、『王朝と貴族』（集英社）、『藤原氏千年』（講談社）、『源氏物語の風景』（吉川弘文館）など。

〇八六）のことで、これが院政の始まりということになります。

ところが、堀河天皇は二十九歳で在位中のまま亡くなってしまいます。そこで、次に天皇になったのが鳥羽（一一〇三〜五六、在位一一〇七〜二三）で、その鳥羽を後見して政治を実際に推し進めたのが白河上皇ということになります。

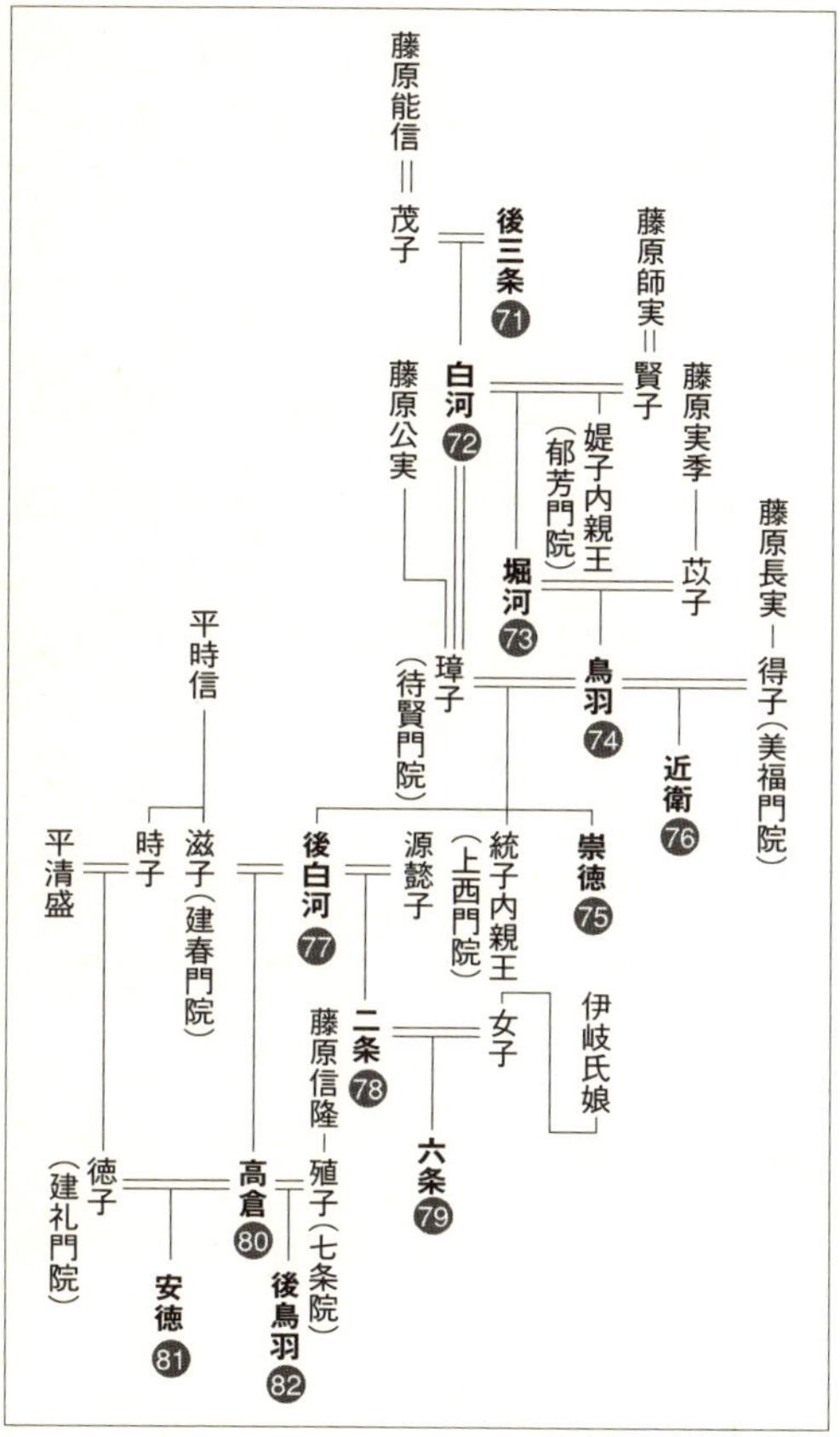

一　後白河、政治と今様

院政期における文化

院政とはどういう時代であったかと言いますと、天皇というのはいろいろ手かせ足かせがあってなかなか自由な行動がとれない。それに対して上皇は一歩下がっているという意味で、窮屈さを脱して比較的自由な動きができます。これは上皇の行動を見るとよくわかります。その結果、非常にスケールの大きなものを生み出したということが言えると思います。

例えば、十一世紀末以降の院政期における文化を見ますと、建築、彫刻、絵画などの点で、優れた作品が登場しています。例えば絵画においては絵巻物というすばらしいものが生まれています。ちなみに、平安時代の庶民の動きとか年中行事を知るときには、『年中行事絵巻』という作品はとても参考になりますが、この絵巻は後白河の命によってつくられたものです。

それから、院政期に登場してきた田楽とか猿楽は中国渡りの散楽などとともに雑芸といわれ、これらがやがて歌舞伎や能へとつながっていくわけですが、中世以降の芸能を考えるうえでこういった芸能を抜きにできない。その芸能の中心にいたのが後白河上皇です。

今様とは、読んで字の如く今風、当世風という意味で、今様歌の略称で、今流行の雑謡（今で言う歌謡曲）を指しますが、その集大成者が後白河でした。ですから後白河は、政治的な面よりもむしろ文化的な面で非常に大きな力を発揮した、と言えます。

白河上皇と崇徳天皇

後白河は、がんらい天皇になるような器ではなかった。鳥羽天皇の第四皇子ですから、皇位継承者としては非常に薄いということになります。しかもお母さんが藤原璋子（待賢門院）で、そのことがまたマイナスの要因になっているわけです。

前頁の系図を見ていただきますと、鳥羽と璋子との間には第一皇子で七十五代崇徳天皇（一一一九～六四、在位一一二三～四一）が生まれています。白河にとっては曽孫に当たります。ところが、白河は崇徳天皇の実父ということになっているのです。白河は璋子《たまこ》を養女として小さいときから大事に育てていました。白河には慈しんでいた媞子《ていし》内親王（郁芳門院《いくほうもんいん》）という娘がいたのですが、二十一歳で亡くなったので璋子を養女にむかえ大変にかわいがっていた。幼いときには朝から晩まで懐に抱いていたと『今鏡』には書かれております。

白河は、その璋子が年ごろになったときに、自分の孫である鳥羽天皇の中宮にしました。二人の間には、四親王と二内親王が生まれるのですが、長男である崇徳の父は実は白河だ、というもっぱらの噂でした。つまり白河は、かわいがり過ぎてかどうかは知りませんが、璋子を中宮として鳥羽に入れた後、男と女の関係を持ち、崇徳が生まれてしまったということなのです。そのことを教えてくれるのが『古事談』という説話集で、その「第二、臣節」に「鳥羽院、崇徳院ヲ実子トシテ遇セザル事」という項目の文章です。

待賢門院は白川院の御猶子（養子）の儀にて入内せしめ給う。その間に法皇、密通せしめ給う。人みなこれを知るや。崇徳院は白川院の御胤子と云々。鳥羽院もその由を知ろしめして、叔父子とぞ申せしめ給いける。

（漢文体の日記等は現代仮名遣いで読み下した）

鳥羽は息子の崇徳のことを「叔父子」と呼んでいたとあります。つまり叔父であって子供という意味です。崇徳が白河の子ということになると、鳥羽の父である堀河と兄弟になり、鳥羽からみると叔父さんになります。しかし戸籍上は子供になっているから「叔父であって子」と言ったのでしょう。言外に憎きおじいの子、という感情も含まれているかもしれません。

その結果、どういうことが起こったかというと、堀河が亡くなった後をうけて、皇子の鳥羽が四歳で即位するのですが、彼が二十一歳になったときに白河は、これに代えて五歳の崇徳を天皇につけてしまいます。このことで鳥羽は祖父の白河に対して強い反感を持ったと言われています。

そして白河が大治四年（一一二九）七月七日に七十七歳で亡くなると、院政を引き継いだ鳥羽上皇は、藤原得子（美福門院）との間に生まれた、三歳になった近衛天皇（一一三九～五五、在位一一四一～五五）を崇徳に代えて天皇にしてしまいます。まるで白河への意趣返しから崇徳をいびった形になったわけです。祖父の生前中にはまったく頭が上がらなかった鳥羽でしたから、亡くなってからの巻き返し、というところでしょうか。

しかし、近衛天皇は十七歳の若さで急逝してしまいます。彼は幼帝であったために皇太子を立てていなかったのです。そこで、急きょ天皇を擁立しなければならなくなり、さあ天皇を誰にしようかということになった。そこで白羽の矢が立ったのが、後白河の皇子である守仁親王、後の二条天皇（一一四三～六五、在位一一五八～六五）です。この皇子は美福門院が養母となってかわいがっていた人です。鳥羽も手持ちがない以上は、できるだけ美福門院側から、つまり待賢門院側でない人を天皇につけようということで、この守仁親王に思い至ったわけです。ところが、その話が出たときに、いくら何でもお父さんがいるのに、その父を差し置いて子供を天皇につけるのはいかがなものか、との公卿たちの意見が大勢を占め、鳥羽もそれに従わざるを得なかったようです。それも、二、三年という条件つきで。

○二十九歳の天皇、後白河

このようにして後白河（一一二七〜九二、在位一一五五〜五八）が天皇に引っ張りだされたわけです。後白河は、鳥羽の第四皇子ということもあって、「十余歳の時より今にいたるまで今様を好みて怠ることなし」（『梁塵秘抄』）と言われていました。つまり十歳のころから今様ばかりやっていて、帝王学など全然学んでいない。鳥羽は、この息子のことを常々周囲に「天子の器にあらず」と言っていました（これは『愚管抄』という史料に出てきます）。しかし、右のような状況の中ではやむを得ません。こうして後白河天皇が誕生したのです。

これが、いかに異例ずくめであったかということは、彼が天皇になったのが二十九歳のときということからもわかります。院政期の天皇の即位の平均年齢は一桁の七歳前後かと思います。そういう中にあっては破格の高年齢ということになります。

加えて皇太子を経験していない。普通は皇太子を経験してから天皇になるわけですが、彼は皇太子を経験していません。平安時代四百年の間に皇太子を経験せずに天皇になったのは後白河を含めて三人しかいません。一人は平安時代の初めの方の光孝天皇（八三〇〜八七、在位八八四〜八七）。この天皇は、先代の陽成天皇が乱行ぶりから摂関の藤原基経によって譲位させられ、その後任として五十五歳で帝位についた。その年齢は当時の男子の平均寿命を超えています。

もう一人は、二条天皇の子供の六条天皇（一一六四～七六、在位一一六五～六八）です。後白河にとっては孫に当たる人。彼がなぜ皇太子を経験していないかというと、後白河の次に天皇になった二条天皇が二十三歳で病死してしまいます。そこで急きょその子の六条が帝位につけられた。生まれて七カ月か八カ月、まだお乳を飲んでいる赤子です。でも、天皇は別に年が若くてもいいのです。むしろ小さい方が院政はやりやすい。なまじっか天皇があれこれと理屈を言うとややこしいわけです。ですから院政期とか摂関期には天皇の年齢がぐっと下がってきます。その意味での後白河の二十九歳は異例ということになります。

○保元・平治の乱

後白河が即位してわずか一年もたたないうちに保元の乱、さらに三年後の一一五九年に平治の乱が起きます。この十二世紀半ばに起きた保元・平治の争乱は、武士の存在を強く印象づけた画期的な戦乱でした。

保元の乱というのは、簡単に申しますと、皇族の争い、摂関家の争い、それに武士が絡んで起こったものです。藤原（九条）兼実（一一四九～一二〇七）の弟に、天台座主になった慈円（一一五五～一二二五）という人がおります。彼は、『愚管抄』という日本で生まれた最初の歴史理論書と言われる本を書いていますが、その中に「保元々年七月二日鳥羽院失セサセ給ヒテ後、日本国ノ乱逆ト云コトハチコリテ後、ムサ（武者）ノ世ニナリニケル也」とあります。つまり、保元元年（一一五六）に起きた保元の乱をもって武士の世が始まった、というふうに慈円は見ているわけです。これは非常にすぐれた意見です。

一般に武家社会というのは、一一八五年（文治元、勅許により源頼朝が守護・地頭の補任権を獲得）、あるいは一一九二年（建久三、頼朝が征夷大将軍に補任）かもしれませんが、十二世紀末期に源頼朝（一一四七〜九九）が鎌倉幕府を開いて武家政治を始動させた、そのときをもって武家社会の開始と理解されています。しかし、慈円はそうは見ていない。それよりも三十年ほど早い保元の乱をもって武者の世になったという見方をしている。これは慧眼だと私は思っています。

そして、保元の乱で崇徳上皇は負け方にまわったがために讃岐国に流され、そこで死んでしまいます。

私は、平安時代の天皇の中で誰が一番気の毒かと言うと、崇徳もその一人だと思っております。自分に何の落ち度もない。おじいちゃん、いや戸籍上の父親のとばっちりが来ただけです。それに帰京も許されず異郷の地で亡くなってしまう。現在、香川県坂出市の郊外に四国八十八箇所巡りの八十一番の札所、白峰寺がありますが、その中の頓証寺《とんしょうじ》殿は崇徳上皇の御廟所で、その裏の円墳の白峰御陵が墓所です。また京都の堀川通と今出川通の交差点を東に行ったところに白峰神宮がありますが、これは明治天皇が、讃岐の白峰より崇徳天皇の神霊を移して創建したものです。

ところで、気の毒な天皇の最右翼は何といっても安徳天皇（一一七八〜八五、在位一一八〇〜八五）に尽きるでしょう。おばあちゃんの二位尼の平時子とともに、八歳で侍女に抱きとられて、嫌だ嫌だと泣き叫びながら海の中へ沈んでいったのです。『平家物語』にはそうは書いてありません。いかにも悟りきって従順に行動したように書いていますが、あんなのは嘘ですよね。八歳の子が落ち着いて海に飛び込むはずがないでしょう。船べりをつかんで、駄々をこねたに決まっています。この二人の天皇はもっとも可哀想で気の毒な天皇だと思います。

◯暗主か大天狗か

保元の乱で台頭してきた、つまり貴族たちに初めて武士としての存在を見せつけたのが平清盛（一一一八〜八一）であり、源義朝（一一二三〜六〇）、頼朝の父親ですね。ところが、論功行賞が低かったといって義朝はひがみ、その三年後に今度は清盛と義朝が敵味方に分かれる。それに後白河上皇と二条天皇が絡み、さらに藤原信頼と信西入道（藤原通憲）がそれぞれと結びついたわけです。

つまり後白河方についたのは信西入道、義朝と組んだのが信頼です。清盛が熊野詣に行っている留守をねらって信頼と義朝軍が――もちろん頼朝も加わっていますが――院の臨時の御所、三条殿を襲い、後白河と二条天皇を捕えてしまった。清盛はまだ熊野への途次であったけれど、急を聞いて引き返し、義朝と信頼を殺してしまう。これが平治の乱です。このようにして平治の乱以降、平清盛の天下になるわけです。

三条殿焼き討ちの場面を描いた『平治物語絵詞』という有名な絵巻があります。三巻から成っていて、第一巻目は三条殿焼き討ちの事件を絵画化したものです。火事の場面を描いた絵巻物としても有名なものですが、残念ながら戦前にボストン美術館のほうに行ってしまって、時おり里帰りして東京国立博物館などで展覧されたりしています。

後白河について、九条兼実が「黒白を弁ぜず」――白黒をはっきりわきまえない、という言い方をしています。後白河の側近であった信西入道は「和漢に比類なきの暗主」「かくの如き愚昧、古今未聞」――傍らに謀反の臣がいても気づかず、それを悟らせるようにしてもだめだ、という言い方をしている。頼朝は皮肉を込めて「日本国第一の大天狗」と罵倒した。これはいろいろな解釈ができると思います。後白河の戦法というのは、自分には大した考えもない、ただ、強い者が出てくると、そのもの同士をうまくぶっつけあって、勢力を削ぎ、どちらかを落としていく。頼朝は義経との間で何度も辛酸を舐めさせられた、さんざんな目に遭ってきているわけです。二人の仲を割いたのは後白河といっても過言ではないのです。そういう苦い経験の中から、頼朝は後白河を、どこにいるかわからない、つかみどころのない、まさに天狗だ、と言った。だけど私は、これらの後白河への言辞が、見方を変えれば後白河を長生きさせた要因だったと考えています。

後白河が、意識したかどうかは別として、ぬらりくらりと権力者の間を泳いできたから彼はあの時代を生き抜けたのです。後白河という人は、ご承知のように貴族社会から武家社会への変わり目をうまく乗り切った人です。もしあのときに後白河が政治をきちっと行なって、だれかに肩入れしていたら多分、命はなかったでしょうね。清盛がいて、義仲が出てきて、頼朝が現われて、義経、それから平泉の秀衡、泰衡もいたわけでしょう。命がいくつあっても足りません。それをうまくぶつけながら乗り切る。後白河は保身のためには臣下でも平気で切る男です。今でもそういう人が社会にいますが、こんにちでは通用しないでしょうね。

ここで後白河の近臣としての信西について触れておかねばなりません。出家前は藤原通憲と称し、身分は高くないが学問の家の出身で、博学多識をもって知られた人でした。妻の朝子が後白河天皇の御乳母であったけれど、通憲は昇進がままならぬことから三十九歳で出家してしまいます。これが宗教上からのものでないことは、出家に当たって彼が詠んだ「脱ぎ替ふる衣の色は名のみして心を染めぬことをしぞ思ふ」の一首から具《つぶさ》に判ります。こうして官界の枠から外れたことで自由な身となり、後白河の即位にも一枚かんでいるらしく、その政治を推進させた中心人物であったわけです。なお、このように乳母の一族が院の近臣となって上皇政治をバックアップするのが院政期の特色でもあります。

◉後白河、今様に狂う

治承元年（一一七七）六月に鹿ヶ谷事件が起きます。鹿ヶ谷の碑が、京都は東山の法然院の南の方にありますが、その鹿ケ谷に俊寛僧都の山荘があって、そこに後白河法皇の近臣の藤原成親、西光法師らが集まって平家打倒の陰謀をめぐらせていたというのです。しかし、その中にいた多田蔵人行綱という男が、これはとても勝ち目がないと思ったのか、清盛に密告してしまいます。けっきょく行動を起こす前に捕まり、殺されたり、配流されたりで、失敗に終わりました。後白河は知らん顔です。自分が助かるためにはしようがない。清盛も後白河がそこにいることは知っていたけれども、手を出さなかった。

この鹿ヶ谷事件というのは、反平氏運動の最初の大がかりな事件です。これ以後、反平氏の行動が顕著になりますが、実際に指示しているのは後白河のようです。しかし、決して表に出てこない。これは彼の一つの生き方なのです。

では後白河は何を生き甲斐にしていたのでしょうか。それは今様（歌）でした。法皇は朝から晩まで今様を歌っていて、生涯に「声を破《わ》ること三度」とあります。十五番今様合わせといって、毎晩十五日間、上は皇族、貴族から下は江口、神崎の遊女まで、実に雑多な階層の人たちが顔を見せています。いくら自由に振る舞えたとはいえ、こんなことをした法皇は前代未聞です。毎日メンバーは変わりましたが、最初から最後まで通して参加していたのは後白河だけです。

今様狂いの後白河だったから、政治は適当にやりながら、あの荒波を乗り越えることができたのです。政治に一生懸命になっていたら、身がもたなかったと思います。日本の歴史の中で一番大きな変革というのは、平安末期から鎌倉へ、そして江戸末期から明治へ、と私は考えます。つまり武家社会の開始と終結の時期です。その時期を後白河がうまく乗り切ったということです。

また、後白河といえば熊野信仰でも知られます。熊野三山をめぐる熊野詣を、白河は九回、鳥羽は二十一回、後白河は三十四回、後鳥羽は二十八回行なっています。後白河が圧倒的に多く、上皇となってから崩御までちょうど三十四年間です。だから平均すると毎年、熊野に行ったことになります。

三十四回も熊野詣をやったということは、確かに熊野信仰が篤かったとは思いますが、それだけではなかったと思います。きっと那智のあたりに今様の上手な遊女がいたのではないでしょうか。史料には出てきませんが、そうではないかと私はひそかに思っています。

二　後白河と法住寺殿

●およそ百余町の御所

上皇が政治をとった場所を院の御所と言います。白河、鳥羽、後白河がそれぞれ白河殿、鳥羽殿、法住寺殿で政治を行なった。白河殿は現在、京都の岡崎の京都市美術館とか平安神宮、京都会館のあるあたり、鳥羽殿は京都駅の南の方に城南宮がありますが、その周辺を指します。

その院の御所の史料を見ますと、院政を創始した白河天皇は応徳三年（一〇八六）十一月二十六日に帝位を子の堀河に譲りますが、上皇となる一ヶ月前に次ぎのような記述があります。

公家、近来九条以南の鳥羽山荘に新たに後院を建つ。凡そ百余町を卜《うらな》う。近習の卿相・侍臣・地下雑人等、各家地を賜り、舎屋を営造すること、宛も都遷りの如し。讃岐守高階泰仲、御所を作るに依り、已に重任の宣旨を蒙る。備前守藤原季綱同じく以て重任す。山荘を献ずるの賞なり。五畿七道六十余州、皆共に課役す。池を掘り山を築き、去る七月より今月に至る。其の功未だ了らず。洛陽の営々、此を過ぐるなし。池の広さ南北八町、東西六町、水深は八尺有余、殆ど九重の淵に近し。或は蒼海を摸して嶋を作り、或は蓬山を写して巌を畳む。船を泛《うか》べ帆を飛ばし、煙浪渺々《びょうびょう》たり。棹《かい》を飄《ひるがえ》し碇を下し、池水湛々たり。風流《ふりゅう》の美、勝《あ》げて計《かぞ》うべからず。

（『扶桑略記』応徳三年十月二十日条）

「公家」は「こうけ」と読みます。公の家といえば天皇家のことです。中世以降になると、「こうけ」と「くげ」の二通りの読み方になります。鎌倉以降、武家が現れ、それに対抗する言葉で「公家（くげ）」が出てきます。しかし平安時代にはこれは「こうけ」と読まなければいけない。中世以降は「こうけ」と読むか「くげ」と読むかは内容で区別しなければなりませんが、後者の用いられ方が圧倒的に多いです。ここでは言うまでもなく白河天皇のことです。

「後院」とは上皇の居所を指します。百余町とは多少オーバーな表現としても、ものすごい広さです。一町が約四三〇〇坪ですから、その百倍です。そして院に従った人々は皆、土地をもらってそこに家をつくった。つまり院の御所ができるということは一つの街ができるようなものです。

「讃岐守高階泰仲……」、讃岐守は今日の香川県知事。身分制の有無、財力の大きさでは今の知事とは比較になりませんが……。泰仲は白河上皇のために御所を造進することで、もう一期（四年間）讃岐守をつとめることができるということであります。つまり重任を条件に御所をつくったのです。この売官売位の行為を平安時代には成功《じょうごう》と称し、公的に行なわれていたのです。今日なら贈収賄で大問題になりますが。

そういう意味では、権力者、例えば摂関家で言えば道長などは、除目《じもく》（受領などの任官）のときなど、自分が日ごろ眼をかけている者を任官させるべく適当に入れ替えたりすることができました。例えば、紫式部の父の藤原為時は、当初は淡路守（下国）に決まっていたのに、道長の計らいで越前守（大国）に任地換えしてもらっています。その日のために受領（赴任の国司）たちは権力者への付け届けに精を出します。

道長の土御門第は、今日の京都御苑内の東方、京都御所の東にありましたが、この邸にはひっきりなしに贈り物が届いたことでしょう。それが平然と行われていたのです。

●清盛、蓮華王院を造進

後白河が営んだ院の御所は法住寺殿と呼ばれました。『山槐記』永暦二年（一一六一）四月十三日条を見てください。ちなみに、この日記の作者の藤原（中山）忠親は、内大臣にまで昇進し、平時忠（清盛の妻、時子の兄）の娘を妻にしていた関係から、平家の動きを探る上でも重要な史料であります。

今日、院、法住寺殿に御移徙なり。彼れ是れ曰く。件の殿の四郭、十余町を籠められ、其の内の堂舎大小八十余宇、壊し棄てらる。衆人、怨ありと云々。

院とは言うまでもなく後白河のことですが、上皇がはじめて法住寺殿にお渡りになった。ところが、その法住寺殿をつくるために周囲、十余町を取り込んでしまった。四万坪余りですから、かなりの広さの土地です。そして、その中にあった人々の家とかお堂とかをすべて壊してしまったので、多くの人の怨みを買ったという次第です。当たり前でしょう。

同日付の別の記録（『法住寺殿御移徙部類』）によると、東山御所とも呼ばれたその地は、かつて故信西入道の居宅があったところといいます。しかし、平治の乱で焼失してしまったので、その場所に故藤原信頼の中御門西洞院にあった舎屋を移築したという。事もあろうに平治の乱での敗死者の家を用いるとは、いかにも後白河らしいです。重要な点は、院の御所をこの地に構えた契機は、そこが上皇の御乳母であった藤原朝子（信西の妻）夫妻が住まいしていた場所であったということです。造作には播磨守藤原家明が重任の功を募って当たっているのです。

先行の白河殿、鳥羽殿でもそうなのですが、洛外に建設された院の御所の大きな特色は何かというと、政治・生活の場である御所と宗教儀礼の場である御堂、これがセットで出現していることであります。

右にみた後白河の法住寺殿は、七条大路末（平安京から洛外に続く街路）の北に営まれた御所で、当初は法住寺殿とか七條殿と呼ばれていました。ところが、ここが手狭になったために道路の南辺に新たな御所を造営しました。この出現によって、それまでのを北殿、新造のを南殿と呼んだのです。

そもそもこの御所の全体の範囲はというと、東西は鴨川から東山まで、南北は六条大路末から九条大路末辺りまでということになります。この法住寺殿御所の一郭、南殿の東隣に、平清盛が後白河上皇のために造進したのが蓮華王院（三十三間堂）です。創建は長寛二年（一一六四）、堂の長さは一二五メートルほどです。ところが、建長元年（一二四九）に焼失し、文永三年（一二六六）に再興されます。焼失から十七年後に再建されたことになります。

ところで、古地図（「閑院内裏京城図」）によると、清盛が造進したときには五重塔があったように見うけられますが、今の三十三間堂には五重塔はありません。再興のときに五重塔は造られなかったということでしょうか、文献にはどうやら見えないので、謎です。三十三間堂に参りますと、御堂の東南に空き地があります。そこに五重塔が建っていたのかもしれません。

三十三間堂には千手観音像が安置されています。本尊を中心に北と南、向かって言えば右と左に五百体ずつ。建長元年の火事で一割強の観音像が助け出されています。どの程度の損傷かは判りませんが、よくぞ運び出せたと驚きです。中尊は大き過ぎてさすがに運び出すことは叶わなかったのでしょう。三十三間堂に行きましたら、よく注意して見ますと、「長寛創建時」と記した板が下においてあります。再建時のと百年ほどしか差がありませんから素人目では判りませんが、拝していると感慨一入《ひとしお》なものがあります。

法住寺御所には、この蓮華王院のほかに白河殿、鳥羽殿ではなかった新しいものが加わっています。それが新熊野《いまくまの》・新日吉《いまひえ》の両社です。後白河は、仏教以外に熊野信仰と――私は信仰だけではなく、きっと今様の上手がおったのでは、と見ていますけれども――日吉信仰、近江の日吉大社、その信仰が厚かったので、その一部分を御所内に勧請した。そして熊野御幸に赴くときには、新熊野社に籠って潔斎をしてから出立しているのです。院の御所の中に神社を勧請しているのは後白河をもって嚆矢《こうし》とするのです。

そのほかに後白河の女御、平滋子（一一四二～七六）の御願になる最勝光院も御所内にありました。滋子は清盛の妻、時子の義理の妹です。清盛が平家一門から天皇を出そうと思って必死で入れたようです。滋子は建春門院という女院号を得ました。そもそも滋子の家柄は同じ平家でも、地下人《じげびと》の清盛とは違って堂上家《どうじょうけ》ではありますが、女御になれるほど高くはありません。それなのに中宮の下の女御になれたのは、生んだ皇子が天皇になったからにほかなりません。その皇子というのが憲仁親王、後の高倉天皇（一一六一～八一、在位一一六八～八〇）です。後白河が初めて法住寺殿に渡った応保元年（一一六一）の年に法住寺殿で生まれています。しばらくは両親とともに暮らした後、憲仁親王だけが内裏に移ります。

○嵯峨野の小督

法住寺殿に関して、見逃すことのできない史料がありますので次に掲げておきます。

御堂供養の次の年の、春の御方たがへの行幸のついでに、中一日おはします。女房、物具は着ず、裳唐衣ばかりにて、例の心をつくしたる紅のにほひ、青きひとへ、近習は、青いろは、ひとへの同じなるに、赤いろも、紅に同じさまにきこゆれば、えびぞめの唐衣を着る。若き人は、色ゆりたれど、唐衣は、衣にしたがひて着よとぞ仰せられし。内の御方のも、この御方かけたる人々は、このなかにまじりさぶらふ。

山吹のにほひ、青きひとへ、えびぞめの唐衣、白腰の裳着たる若き人の、ひたひのかかり、すがた、よそひなど、人よりはことに、はなはなと見えしを、いまだ見じとて、人にとひしかば、小督《こごう》の殿とぞ聞きし。このたびより、物いひそめて、つぼねの、そなたさまなれば、下るとても、具してなどありしが、その後ゆくへも知らで、二十余年の後、嵯峨にて行きあひたりしこそ、あはれなりしか。（『健寿御前日記』）

「御堂供養の次の年」とありますから、建春門院の最勝光院が供養された次年度、つまり承安四年（一一七四）三月のことで、七日の夕刻に行幸があり、十日に還御しています（『玉葉』）。高倉天皇が、生まれて幼少期を過ごした法住寺殿へ方違えの行幸をしたときの話です。法住寺殿には建春門院に仕える六十人の女房がいたことが日記に見え、高倉天皇に従ってきた内裏の女房たち、それぞれに美しい衣装を纏い、華やかな雰囲気を醸しだしていたことが知られます。

この日記の作者の健寿御前という女性は、建春門院中納言とも言われ、藤原定家（一一六二〜一二四一）の五歳年長の実のお姉さんで、親しくしていたらしく、定家の『明月記』にも散見します。彼女は十二歳のときに建春門院のもとに宮仕えに上がりました。ですから建春門院側の女房として登場しているわけです。

天皇についてきた女房の中に小督の局がいたのです。「山吹のにほひ、青きひとへ、えびぞめの唐衣……」と、その登場のしかたが実に美しい。装い、姿、そして髪がきれいに額にかかっているなど、他のどの女性よりも華やかに見えたが、今まで見たことのない人だったので、同僚に尋ねたら、小督と教えてくれた。それ以来、建春門院が内裏へ行くとき、また高倉天皇が法住寺殿に行幸してくる時には、会って親しくしたが、あるときから、杳《よう》として行方がわからなくなってしまった。ところが二十数年たって嵯峨野でばったり行き会ったという。

承安四年の時点で、健寿御前は十八歳で小督も同じ年です。ちなみに平徳子（建礼門院）は二十歳、高倉天皇は十四歳でした。それから二十余年後ということですから、四十歳前後になって再会したということになります。

皆さんご存じのように『平家物語』では、清盛の怒りにふれて小督は二度も嵯峨野に追いやられたということになっています。悲しみに沈む高倉天皇は、ある夜、源仲国に馬を与えて嵯峨野にいるらしい小督の探索に赴かせた。宮中にいるときに笛の名手である仲国は小督の琴とよく合奏をしたことがあるので、琴の音を聞けば、すぐに判るだろう、との思いから。そして仲国は「峰の嵐か松風か、尋ぬる人の琴の音か、……小督の殿の爪音なり」と、小督を見つけだして連れ帰るのです。それに怒った清盛は、小督を尼にして追放してしまいます。

この『平家物語』の話を傍証する史料はありませんでした。しかし、『健寿御前日記』(『建春門院中納言日記』『たまきはる』とも)によって四十歳ごろの小督が嵯峨野にいたことが証明されたのです。

ところで、清盛が怒ったということも、考えてみれば無理からぬことなのです。と言いますのは、小督は高倉天皇との間に皇女(範子内親王)を生んでいるのです。建礼門院と高倉天皇の間に安徳天皇が生まれるのは、小督の出産の次の年です。ですから清盛はやきもきしていたはずであります。もし小督に皇子が生まれていたとしたら、清盛にとってはすこぶる脅威です。清盛は、女児と知って安堵したことでしょう。清盛が嵯峨野に追いやったというのは決してフィクションではないのではないか、というのが私の考えです。

○法住寺殿焼き討ち

後白河が今様を詠った舞台は法住寺殿でした。「法住寺の広御所にして、今様の会あり」「東山の法住寺に、五月の花のころ、花参らすとて、江口・神崎の君、青墓・墨俣の者、集ひてありしに、今様の談義ありて」などと『梁塵秘抄』にみえます。法住寺殿におって、七条通りを行き交う人たちが今様などを口遊《くちずさ》んでいるのを聞きつけると、後白河は、すぐに家来を遣わせて、誰かまわず招き入れて、聞き取ったのでありましょう。こんな上皇はほかにおりません。さすがに面通しは控えたけれど、御簾《みす》越しに今様を謡わせるのです。このようなことを集積して、後白河の手で集大成された今様集が『梁塵秘抄』です。もとは全二十巻あったといわれますが、今に伝わるのはその十分の一ほどのものです。貴族の日記などからは知り得ない、庶民の姿を生き生きと伝えてくれる重要な史料であります。

この法住寺殿にとって最も忌まわしい事件といえば、源（木曾）義仲（一一五四〜八四）の焼き討ちによって焼失したことでしょう。後白河の近臣の藤原（吉田）経房は、義仲が攻め入った様子を『吉記』に次のように記しています。寿永二年（一一八三）十一月十九日のことです。

午の刻、南方に火あり。奇《あや》みて見るの処、院御所の辺りと云々。再三人を進むと雖《いえど》も戦場たるに依りて、敢て以て通ぜず。……徒《いたずら》に南方の空を見て夕陽に及ぶ。縦横の説、信不信の処、日入るに及んで院の御方逃げ落ちしめ給うの由、風聞あり。嗚咽《おえつ》の外、更に他事を覚えず。後に聞く。御所の四面より皆悉く火を放ち、其の煙、偏《ひとえ》に御所の中に充満し、万人迷惑す。義仲軍、所々を破り入る。敵対能わず。法皇、御輿に駕し、東を指して臨幸す。参会の公卿十余人、或は馬に鞍し、或は匍匐《ほふく》し、四方に逃走の雲客已下、其の数を知らず。女房ら多く以て裸形。武士伯耆守光長、同子廷尉光経已下、合戦す。其の外、併せ以て逃げ去る。

清盛は二年前に他界してこの世におりません。信濃国で挙兵した義仲は、倶利伽羅峠の戦いで平家軍を破って都へ入ってくる。その直前に平家は、都にあった屋敷のすべてに火をかけ、安徳天皇を奉じて西へと敗走します。いわゆる平家の都落ちです。京都に入った義仲は後白河に拝謁しますが、余りにも恐れ多くて顔を上げることができなかったほどです。それはそうでしょう、田舎ものの一武士と法皇の初対面ですから。義仲とその家来たちは都において粗野で横暴な振る舞いをしたために貴族たちから嫌われます。そのことで後白河は、鎌倉にいる源頼朝に密使を送って義仲追討を命じるのです。それが義仲の知るところとなり、怒って法住寺殿焼き討ちへと発展していくわけです。

『吉記』の作者は三条辺りに住んでいましたので、法住寺殿は南方にあたります。ですから後白河のことを心配しているわけですね。御所へ近づくことはできず、気が気ではないけれども、どうしようもない。日没のころになって、後白河上皇はどうやら避難したという情報が入ってきた。そこで経房は、ほっとして嬉し泣きをした。その他のことはよく覚えていない、と。

作者の経房は現場に行っていないので、義仲乱入と合戦の様子は、人から聞いて後日談として日記に書き込んでいるのです。法皇は輿に乗って去り、公卿は馬に乗ったり、徒歩で逃げたりと、慌てふためいた様子が活写されています。そして多くの人たちが法住寺殿に来ていたことを知ります。伯耆守源光長は後白河方の総大将クラスの武士と思われますが、義仲軍の前に脆くも敗れ、二日後の『吉記』によりますと、光長以下の百余の首が五条河原に懸けられ、義仲による首実検が行なわれたとあります。敗者は惨めなものです。

法住寺殿は、鎌倉幕府がスタートしてから頼朝によって再建されますが、後白河は二度と法住寺殿に住むことはありませんでした。六条殿という京内の御所に住まいし、そこで六十六歳の生涯を終えています。義仲の焼き討ちでは蓮華王院は焼失しませんでした。

○法皇、摂政を艶めかす

義仲による法住寺殿焼き討ち事件の二日前の『玉葉』に「摂政、召しにより参入す。今夜、宿候せらるべしと云々。是れ御愛物たるにより、殊に召しに応じるなり」との興味深い記事があります（寿永二年十一月十七日条）。作者の兼実が、義仲の襲撃の噂がでていることなどを記載した後にこっそりと忍ばせた記事ですが、三ヶ月前の八月二日の『玉葉』には「法皇、摂政を艶めかす。其の愛念によるなり。抽賞すべしと云々。秘事たりと雖も、希異の珍事、子孫に知らしめんがために、記し置くところなり」と書いてあり、目を見張ります。

いずれも一連の男色記事です。後白河法皇は五十七歳です。摂政というのは二十四歳の藤原基通で、作者の兄、摂関基実（一一四三〜六六）の子、つまりは作者にとって甥にあたる人です。清盛の娘の盛子も基実の妻になっています。艶めく、とは男色行為そのことを指しています。後白河と基通は男色関係にあったというのです。兼実にしてみれば、一族の恥部であるので本来なら秘めておくべきことだけれど、事が事だけに、子孫には知らすため日記に書いておこう、ということです。

そしてあわただしい動きのさなかに、基通は後白河から声がかかったので法住寺殿へ赴き、宿泊を促されたのです。義仲の襲撃を受けたときには基通も法住寺殿にいたようです。そして後白河は、基通の五条東洞院邸に避難しているのです。

義仲の襲撃事件は、平家の都落ちから一週間後のことでした。

余談ですが、この時代の男色記事として注目されるのは藤原頼長の『台記』です。彼は、万が一見られても、すぐにはわからないように、相手の名を簡略にして書いているのです。頼長の男色は有名ですが、これを含めて、当時の男色関係は政治的に利用されている、ということです。彼らにはれっきとした妻もいるのです。まだ陽も高いので、これ以上の深入りは控えましょう。

○大原御幸

最後に、後白河といえば、『平家物語』の最後を飾る「灌頂巻《かんじょうのまき》」にでてくる大原御幸の話をしなければなりません。ここには京都洛北の寂光院が登場してまいります。この読みは「おおはらごこう」ではなしに「おはらごこう」です。大原といえば、洛西の長岡京の方に同じ地名があって、「おおはら」と読んでいるので、これと区別する意味で、後発の洛北の方を当時は「おはら」と読み慣わしていたようです。

平家は文治元年(一一八五)三月二十四日に壇ノ浦の海戦で源氏に敗れ、海中に身を投じて果てますが、建礼門院は、運が悪いことに源氏方に助けられて、京都まで連れて来られ、出家して寂光院に入り、一門の菩提を弔う生活を余儀なくされます。気の毒な方です。

その女院を一年後の初夏のころに後白河が訪ねるという話です。主語が後白河法皇だから「御幸」なのです。

> かくて春過ぎ夏立つて、北祭（賀茂祭）も過ぎしかば、法皇、夜をこめて、大原の奥へぞ御幸なる。忍びの御幸なりけれども、供奉の人々には、徳大寺・花山の院・土御門以下、公卿六人、殿上人八人、北面少々候ひけり。鞍馬通の御幸なりければ、かの清原深養父《きよはらのふかやぶ》が補陀楽寺《ふだらくじ》、小野皇太后宮の旧跡、叡覧あつて、それより御輿にぞ召されける。（中略）西の山の麓に一宇の御堂あり。即ち寂光院これなり。

かくして後白河が訪ねると、建礼門院は山に花を摘みに行っていたので、後白河はしばらく待つことになる。ややあって建礼門院がもどってきて、室内に招き入れ、平家が壇ノ浦であえない最期を遂げる断末魔の様子を語りだします。気がつけば、入相《いりあい》の鐘（夕暮れにつく鐘）が鳴っている。その鐘の音に急き立てられるように後白河は庵をあとにするのです。

こういうふうに『平家物語』には出てくるわけです。忍びの御幸とはいえ、十数人の公卿、殿上人、それに護衛の武士たちが随行しています。これを隠し通せるものでしょうか。私は、この話はひょっとして史実ではないのではないか、と密かに考えているのです。なぜかと申しますと、後白河は政界の頂点にいる人です。建礼門院は自分の息子（故高倉天皇）の妻。かつて後白河が建礼門院にほのかな慕情を燃やしていたという噂も立ちました。後白河が久しぶりに逢いたいと思っても、彼女は罪人の身です。いくら上皇といえども、そんなに簡単に事が運ぶとは思えないのです。もし事実としたなら、口のうるさい兼実のような男は黙っていないと思うのです。それと、この話は『平家物語』と『閑居友』（鎌倉中期になった仏教説話集）にしか出てこないのです。『平家物語』を見た可能性は否定できません。

以上のようなことで、大原御幸はフィクションではないかという疑問を持ち続けています。あるとき、このことを永井路子さんに話したら、「私もそう思う」と仰ってました。史料がないのでこれ以上のことは言えませんが、史実と見なす肯定説がまかり通っていることはいうまでもありません。「祇園精舎の鐘の声」で始まった無常観の物語は、「寂光院の鐘の声」で終わるのが道理でしょうし、そのために挿入した、これは考えすぎでしょうね。

寂光院は、平成十二年五月九日、放火によって焼失してしまいました。非常に悲しいことです。本堂は全焼し、中の地蔵菩薩も真っ黒に炭化してしまいました。でも、今から二十年ほど前に重要文化財に指定する際に体内を全部調べているのです。その結果、胎内から願文が見つかり、その願文から、地蔵菩薩像は十三世紀の中ごろに造られたということが判ったのです。建礼門院が亡くなって二十年以内に造られているということなのです。さらに胎内に桐箱が十七個入っており、その桐箱には、経文などのほかに小さな地蔵さんが三四一七体も入っていたのです。二、五メートルの本尊の中に、一体一一センチ前後の小さな地蔵さんが三千体以上とは驚きです。

本尊を取り囲むようにあった仏さんは全部焼失しました。しかし本尊が身代わりになって焼け焦げて、桐箱に入っていた小さな地蔵さんたちは助かった。大事な重要文化財の中身が助かっただけでも慶事と言わざるを得ません。寂光院は平成十七年、本堂と本尊が復元再建されました。

当時としては長命といえる後白河の一生は、平安期の天皇・上皇のなかでは波乱に富んだ生涯であったといってよいと思います。それは時代の変革期を生きた証であり、「芸は身を助ける」を地で行ったがゆえに生きながらえたとも言えます。

第四章——「戦う風雅の帝王」

後鳥羽院

『法然上人絵伝』　宇治川で合戦し鎌倉方の軍勢に圧倒される朝廷方の軍勢

其ノ壱

覚めやらぬ夢「倒幕」

後鳥羽院と承久の乱

◉流鏑馬揃いに見せかけて

京の南郊、鴨川と桂川に囲まれた里、鳥羽。今は高速道路が走り、大型店が並ぶ典型的な都市の郊外だが、鴨川に近づくと、ところどころにこんもりとした緑が点在し、殺風景な土地に潤いを落としている。これらは、かつてここで離宮を営んだ白河院、鳥羽院らの陵墓である。

今ではとても想像しにくいが、平安末期、鳥羽にはあたかももう一つの宮城のように、緑と朱に彩られた殿舎が厳かに建ち並んでいた。

承久三年（一二二一）五月十四日、ふだんは遊興の皇族・貴族が集うこの地に、けたたましい蹄《ひづめ》の音、甲冑のすり合う音が響き渡った。砂塵を巻き上げて続々と集まる兵は、畿内近国の武士、そして僧兵――。

鎌倉の執権・北条義時を追討するべく後鳥羽院が企てた「承久の乱」の幕開けである。召集の名目は、鳥羽・城南寺（現在の城南宮）の流鏑馬《やぶさめ》揃い。

『承久記』によると、院が寵愛する遊女・亀菊の父に与えた荘園を義時が認めなかったことが院を乱に導いた、つまり承久の乱は院の女色の迷いだという。しかし実際のところ、それは要因の一つでしかない。政権回復、この夢こそが、朝廷の権力の空洞化を嘆いていた後鳥羽院を戦へと駆り立てた。

城南宮　平安遷都の際の創建。平安後期からここを中心に離宮が造営された。今はなき城南寺の鎮守社でもある

源頼朝亡き後の鎌倉では、執権・北条時政、義時親子をめぐる権力闘争が頻発し、多くの血が流れていた。京で朝廷を取りしきっていた後鳥羽院にとって、初めは対岸の火事にすぎなかったが、院と交流のあった三代将軍・実朝が前将軍・頼家の遺児である公暁の刃に倒れ、さらに大内守護（内裏の警備）の御家人・源頼茂の謀反で内裏中心部が焼亡すると、もはや「幕府の内紛」では済まされなくなってきた。確実に火の粉は後鳥羽院の身近に降りかかってきていたのである。

院の首根っこを押さえつけていた「幕府」という重しを、振り払う時がきた。

●「世情への疎さ」が仇に

後鳥羽院に勝算はあった。義時追討の宣旨・院宣（天皇・上皇の命令）の効力は絶大で、院宣のみならず宣旨が出された以上は東国の御家人たちも幕府に従っては動けまい。義時の宿敵・三浦義村を中心に、鎌倉では内部分裂の火種がくすぶっている。そして院の手許には、寺院勢力、畿内西国の武士団、院直属の武士団である北面・西面の武士の兵力がある。勝てない数ではあるまい。

ところが、院の企ては挙兵五日後には鎌倉に伝えられ、鎌倉方もすぐさま京に向けて軍勢を進発する。宇治川で朝廷方に大勝、入京した頃には鎌倉方の兵は十九万にまで膨れ上がり、わずか一ヶ月で、朝廷方の敗北は決定

政子地蔵菩薩像　北条政子七回忌に甥の北条泰時が伊豆の願成就院に奉納したものといわれる

城南宮は、JR「京都駅」前から市バス19系統「城南宮」下車すぐ

的となった。

　後鳥羽院の思う以上に、日本は武者の世となっていたのだ。院宣の効力は畿内ですら発揮されず、予想していたような兵力は集まらなかった。密かに手を回していた三浦義村は土壇場で協力を拒否する。そして決め手は尼将軍・北条政子の大演説。政子は御家人たちを前にして亡き夫の源頼朝の恩義を涙ながらに語り、「いざ鎌倉」の精神を奮い立たせた。

　挙兵から約二ヶ月後の七月十日、鳥羽離宮に幽閉されていた後鳥羽院の前に、義時の嫡孫・時氏が武者姿のまま上がり込んできた。荒々しく御簾をかきあげて言うには「君ハ流罪セサセオハシマス。トクトク出《いで》サセオハシマセ」（『承久記』）。

　三日後、出家した後鳥羽院は逆輿（進行方向に背を向けて乗る罪人の作法）に乗せられ、はるか西の孤島・隠岐に向かった。


　われこそは新島守よ隠岐の海の荒き波風心して吹け（『遠島御百首』）

私こそが新しい島守だ。隠岐の海の荒々しい波風よ、それを肝に銘じて吹け。邪魔だてするなよ

　王の風格で隠岐の荒波に命令を下すものの、かつての勇壮な気概はそこにはなかった。

其ノ弐

「聖代」へのあこがれ

政権の回復をめざす

●面接試験で撰ばれた帝王

　治承四年（一一八〇）、以仁王の令旨を受けて源頼朝が挙兵したその年、後鳥羽院（四の宮・尊成《たかひら》親王）はこの世に生を受けた。父は高倉天皇、母は修理大夫・藤原信隆の娘・殖子《やすこ》。誕生の五ヶ月前に、異母兄の安徳天皇がわずか三歳で即位していた。

　時の権力者・清盛の孫にあたるこの幼い天

皇に比べ、影の薄い存在であった四の宮は、乳母である藤原範兼の娘・範子の一族の手により養育され、皇位とは無縁の親王として過ごしていた。

四の宮の運命を変えたのは寿永二年（一一八三）の平家の都落ちである。木曾義仲の軍勢に追われた平家は、安徳天皇を奉じて西海へ落ちていった。『平家物語』には、四の宮も平家とともに逃げるところを、すんでのところで範子の兄・範光が押しとどめたというエピソードが描かれている。ギリギリのところで平家と運命を共にしなかった四の宮。無類の幸運を持っていたのだろう。

天皇不在となった朝廷は、協議のすえ新しく天皇を立てることにした。候補者は都に残された三の宮・惟明《これあきら》親王（母は平義範女）と四の宮の二人の皇子、選定は二人の祖父・後白河院が中心となって行われた。卜占ではすべて三の宮の即位が吉と出たが、院の寵愛する丹後局が夢で四の宮の即位を見たという。

悩む後白河院はなんと「面接試験」を行った。まだ幼い三の宮と四の宮を呼び寄せたところ、三の宮は人見知りがひどく泣き止まない。ところが四の宮はためらいなく院の膝にのぼり、かわいらしい声で「おじいさま」と呼んだ。

四の宮の持って生まれた幸運はここで極まった。寿永二年（一一八三）八月、後鳥羽天皇四歳の践祚である。

●宮廷という密室のなかで

後鳥羽天皇の在位期間は、『増鏡』では「四方の海波しづかに、吹く風も枝をならさず、世治まり民安うして……」というように、戦乱のない平穏な時代とされる。しかし実質的な権力は後白河院、院亡きあとは関白・九条兼実、続いて天皇の乳母・藤原範子の夫、源通親が握っていた。

後鳥羽天皇は成長するにつれ、

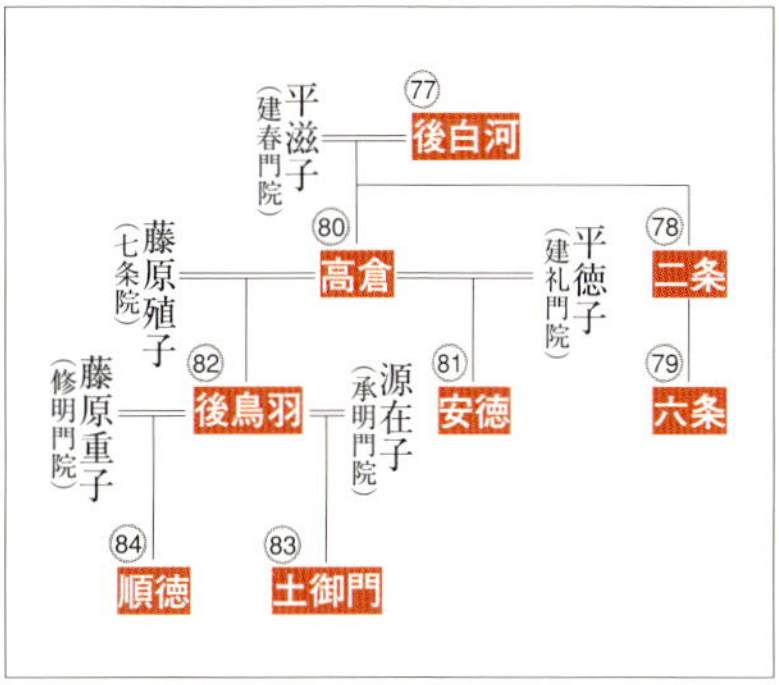

後鳥羽院系図

高山寺・石水院　建永元年（1206）、明恵上人高弁が後鳥羽院の院宣により再興。明恵が起居した石水院は後鳥羽院の離宮のひとつ賀茂別院を移築したもの

自分の手で政治を動かしたくなった。あの大天狗といわれた祖父・後白河院のように。

建久九年（一一九八）、後鳥羽天皇は十九歳という若さで譲位を決めた。上皇となった後鳥羽はさっそく院政をとり、通親に「今に於ては、吾が力及ばず」と言わしめるほど、実質的な支配者となっていた。生来器用な院は多芸ぶりを発揮し、雅楽、武芸、水練、はては刀鍛冶にまで打ち込んだ。宗教にも関心を持ち、明恵の高山寺復興にも尽力する。

さらに血生臭い鎌倉にあてつけるかのように、後鳥羽院は貴族文化復興に力を注いだ。十世紀の「延喜《えんぎ》・天暦《てんりゃく》の治」と言われる、文華をもって治世の要とした醍醐天皇と村上天皇の「聖代」に強く憧れた院は、そういった時代の復興こそ朝廷の力を鎌倉に見せつける最高の手段と考えていたようだ。

まずは途絶えつつあった宮廷儀礼の復活を手がけた。名家に伝わる日記を読んで習礼を学び、貴族たちにはあたかも舞台稽古のように、儀式の練習を厳しく施した。

高山寺は、JR「京都駅」前からJRバス栂ノ尾・周山行で「栂ノ尾」下車徒歩5分

延喜・天暦期に盛んであった蹴鞠にも熱中し、藤原泰通ら蹴鞠の達人たちから院自身が「蹴鞠の長者」という称号をもらっている。

しかし延喜・天暦の代表的な文化は、なんといっても『古今和歌集』の成立。和歌も得意とした院が、これに目をつけないはずはなかった。

後鳥羽院画像　『天子摂関御影』天子巻「後鳥羽院」

其ノ参

風雅の王の『新古今和歌集』

和歌こそ人生

●腕利き編者であり優れた歌人

後鳥羽院が和歌に目覚めたのは、退位して間もなくの頃と考えられている。身の自由を得た若き上皇は近臣たちと歌会を持つようになったが、特に熊野での歌会は院を詩境へと導いた。

紀伊国熊野は古くから山岳信仰の盛んな聖地で、平安末期には熊野詣が爆発的にブームとなり、後鳥羽院にいたっては院在位中の約二十三年間に二十八回も熊野御幸を行っている。目的は難行苦行によって法悦に達することであったが、天皇の帳《とばり》から飛び出した院は、熊野の絶景に感嘆の声をあげては道中の王子（熊野社の分祠。休憩、宿泊所）で、その思いを三十一文字に託した。

和歌が後鳥羽院を惹きつけてやまなかったのは、その伝統性であろう。延喜・天暦の時代を見るまでもなく、朝廷の文芸は和歌とともに華開いてきた。後鳥羽院は宮廷文化が衰微しつつあるなかで、和歌の興隆こそ鎌倉のエネルギーに対抗できる実に有効な手段だと考えた。

院のこうした和歌への傾倒が、徐々に大きな後鳥羽院歌壇を形成していく。特に藤原顕《あき》季《すえ》以来有力な歌の家となっていた保守派・六条家と、藤原俊成、定家親子を中心とする新興の先進派・御子左家《みこひだりけ》の対立は歌壇を盛り上げた。また後鳥羽院は官位の低い歌人や女性歌人を次々と見つけ出し、新風を吹き込んだ。こうして上質の歌人たちに恵まれた歌壇は、まさに活況を呈していった。

建仁元年（一二〇一）に後鳥羽院が企図した「千五百番歌合」は三十人に百首の歌を詠進させる壮大なもので、歌壇をとり仕切る王者らしい歌合といえよう。

◉五年にわたる「切継」作業

「千五百番歌合」の企図直後、後鳥羽院は内裏の二条殿に「和歌所《わかどころ》」の設置を命じた。和歌所はかつて二百五十年前（天暦五年）に『後撰和歌集』の撰集事業のために設けられた機関で、それを意識したものであろう。寄人《よりうど》（職員）に選ばれたのは藤原良経、源通親、慈円、藤原俊成、定家、家隆、鴨長明ら当代一流の歌人たちばかり。

この和歌所設置の三カ月後、後鳥羽院はついに「上古以来の和歌を撰進せよ」という院宣を下した。「千五百番歌合」は後鳥羽院の「勅撰集をつくる」という壮大なプロジェクトの序章だったのだ。

院にとって、古い名歌の収集は王者としては必要であったが、当代の和歌こそ自ら君臨する宮廷の文化を誇示するものであるから、当代歌人の秀歌がなければ、いま勅撰集を作る意味がない。驚くほどの頻度で院が行った歌合も、いわば勅撰集の予備作業の意味合いを持っていた。

撰者は和歌所寄人から源通具《みちとも》、藤原有家、定家、家隆、雅経、寂蓮。これまでの勅撰集と違うところは、撰進作業に後鳥羽院自らも加わったことである。それまでは撰者に任され、私撰集的な匂いもあった。しかし後鳥羽院は和歌所という公の機関を作り、そこで陣頭指揮をとる、文字通りの「勅撰」を目指したのである。そこにはひとかたならぬ院の思い入れが感じられる。

一方、和歌所という雅な名前とはかけ離れた目の回る忙しさに閉口したのは、中心となって撰進作業をしていた定家である。「毎日の出仕、筋力の疲れ極まり、甚だ

『中殿御会図巻』　建保六年（1218）、順徳天皇内裏中殿（清涼殿）での和歌管弦御会の図。当時の歌会の様子がわかる。一番左上の細い柱のかげに見えるのは定家

藤原定家画像　『新三十六歌仙図帖』狩野探幽筆

耐へ難し」と日記『明月記』にこぼしている。
それほど急がせたのは、院が勅撰事業を元久二年（一二〇五）、つまり延喜五年（九〇五）の『古今和歌集』成立の三百年後という記念の年に完成させたかったためであろう。院は他の政事を後回しにして、すべての力を勅撰集に注ぎ、望み通り、元久二年に完成させた。

全二十巻、歌数約千九百八十首。部立は春上下・夏・秋上下・冬・賀・哀傷・離別・羇旅・恋一〜五・雑上中下・神祇・釈教。古今集に倣って真名序（漢字の序）と仮名序も付けた。歌集名は『新古今和歌集』。古今集の伝統を受け継ぎながら、新たな和歌の興隆を言祝ぐ名前である。

勅撰和歌集を作ってこそ風雅の王なり――後鳥羽院の気迫が、武者の世に幽玄な文化の華を咲かせたのだ。

実は、勅撰作業はまだ、途中だった。歌の差し替え、それに伴う詞書の変更、配列の決定など、いわゆる「切継《きりつぎ》」の作業はまだ終わらず、清書本も仮名序もまだできあがっていなかった。それでも院は強引にも完成祝賀の宴を行ったのである。これに不満なのは、定家。「卒爾《そつじ》（軽はずみ）」と日記に記し、祝宴を欠席してしまった。その後も凝り性の院は五年にわたって切継を定家に命じている。定家はつぶやく、「一分の面目もなし」。

こうして後鳥羽院と定家の確執は深まって

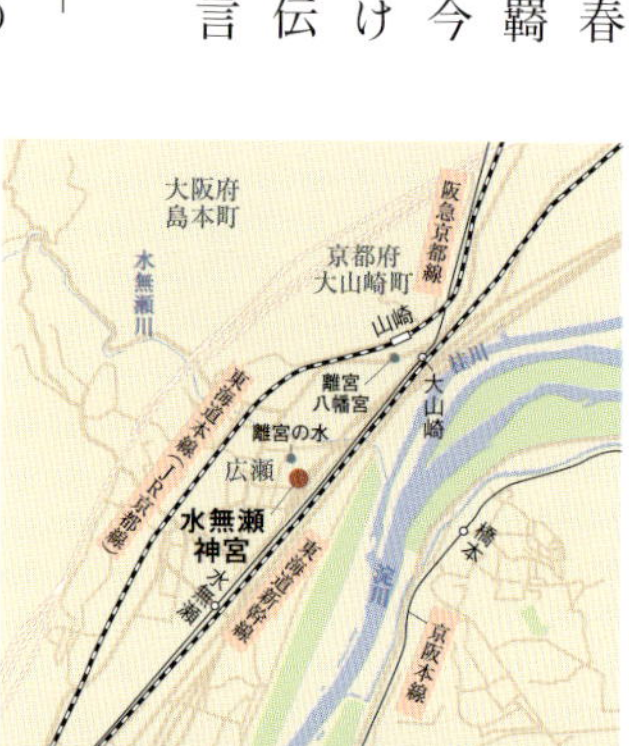

水無瀬神宮は、阪急京都線「水無瀬駅」下車徒歩15分

いったのだが、そのおかげで定家は承久の乱の処罰に連座することなく済んだのだから、人生何が幸いするかわからない。

●幽玄の花咲く「水無瀬の里」

京都市の南、桂川と宇治川と木津川が出会って、大きな淀川となる合流点に、「水無《みな》瀬《せ》川」という小さな川が遠慮がちに交わる。「水無瀬」とは表面に水がなくても地下水が流れ、時折流れが姿を見せる川の普通名詞だったが、のちにここを指す固有名詞となった。現在もまさに「水の無い瀬」だが、一帯は豊富な地下水の恵みを受ける水郷。両岸に小高い山が迫り、美しい山河の趣をみせるが、現在は地下水を利用する工場などが建ち並んでいる。住宅地に清涼な緑を湛える水無瀬神宮は、名水「離宮の水」を汲みに来る人々で常に賑わい、水の里の面影を伝える。

　水無瀬のかつての風光は、後鳥羽院歌壇を育んだ。院は譲位後多くの離宮を造営したが、

水無瀬神宮　前身は水無瀬離宮跡に建てた御影堂。後鳥羽院の御影などを祀り、菩提を弔った

なかでもこの水無瀬離宮をこよなく愛し、この地の眺望と花紅葉を愛でては歌合や蹴鞠などの遊興にふけったという。『新古今和歌集』所載の院の水無瀬の歌は、あまりにも有名だ。

見わたせば山もと霞む水無瀬川
夕べは秋となに思ひけむ

見渡せば、山の麓が霞む水無瀬川。「夕べの風情なら秋が一番」なんて、なぜ思っていただろう、春の夕べもすばらしい

この和歌はのちの切継で入ったもの。是非加えて後世に残そうとした、院の会心の作である。

院は勅撰集の主宰者であると同時に、優れた新古今歌人でもあった。その院が最もその歌風を誉め、積極的に入集させた歌人の一人に定家の父・藤原俊成がいる。院自ら歌人評を書いた『後鳥羽院御口伝』に「釈阿（俊成）はやさしく艶に、心も深く、あはれなるところもありき」とある。この「やさしく艶」というのは景物に余情を匂わせ、深遠な世界を描きだす俊成得意の詠みぶりのことである。俊成は歌合の判詞（勝負の判定の理由）でも「優」「艶」という言葉を多用し、いわゆる幽玄体といわれる新古今の基本理念を確立した。

息子の定家は、その理念をさらに深化させた。定家が三代将軍・実朝に贈った『近代秀歌』に「詞は古きにしたひ、情は新しきを求め」云々とあり、伝統的な歌語を用いつつも、新しい心を表現しなくてはならないことを説いている。二つは矛盾するが、詞の「組み合せ」がそれを成功させた。

さむしろや待つ夜の秋の風ふけて
月を片敷く宇治の橋姫（定家）

寒い筵の上で恋人を待つ夜の秋風の音は更けて、月の光を浴びながら独り寝する宇治の橋姫よ

小倉山　定家の山荘が営まれ、小倉百人一首もここで生まれた

詞が持つ伝統的なイメージを利用し、その組み合せで説明不能な官能世界を描き出したのだ。

「宇治の橋姫」は『古今集』所収の「さむしろに衣片敷き今宵もや我を待つらむ宇治の橋姫」という読み人知らずの古歌によって新古今歌人に愛された歌材。流れの急だった宇治川にかける宇治橋を守る女神だった。現在、宇治橋の上流側に二メートルほどの張り出しがあるが、これはかつて宇治橋に橋姫を祀る祠があった名残である。橋がコンクリートになってもその伝統と信仰心は失われていない。穏やかになった宇治川は深閑とした山の麓を悠々と流れ、橋姫は近くの橋姫神社から、中洲で遊ぶ子供たちを見守る。

宇治橋 写真中央の張り出しに橋姫を祀っていた

定家の橋姫の歌は、伝説の古歌を裁ち入れることによって和歌の世界を重層化させる「本歌取り」の技巧を使っている。他に新古今では「物語取り」や「漢詩取り」なども技巧として使われ、古いものを採りつつ、新しく複雑な世界を生みだしていった。伝統に拠りながら新しいものを求めるのは、後鳥羽院の政治理念とも重なる。

東国から武力の脅威がじわじわと押し寄せる不安な時代に、都人が頼れるのはいまだ現在進行形であり続ける宮廷文化だった。理知的で、複雑に進化した新古今歌風は、都人が誇る究極の文芸の姿といえる。

其ノ四

最期は純粋な一歌人として
——『隠岐本新古今集』の誕生

◉和歌への思いは果てしなく

隠岐は島前《どうぜん》、島後《どうご》の二地域に分かれる。遠流《おんる》となった後鳥羽院は島前の中ノ島、阿摩郡苅田郷（今の海士《あま》町）に設けられた行在所《あんざいしょ》に落ち着いた。行在所は深く切れ込んだ入り江に近い、隠岐のなかでも穏やかな住みやすい場所にあった。

『増鏡』には住まいの様子について「松の柱に葦ふける廊など、気色ばかり事そぎたり」とあり、急ごしらえの簡素なものだったと思われる。「水無瀬殿おぼし出づるも夢のやうになむ」とあるように、水無瀬の離宮も、かつて宮廷に君臨したのも、すべては夢のようだった。

とはるるも嬉しくもなしこの海の
渡らぬ人のなげの情は（『遠島御百首』）

手紙でご機嫌うかがいされたって、嬉しくもない。この海を渡って私を訪ねてこない、かりそめの愛情なんぞ

しかし当初は墨色だった隠岐の光景も、次第に院の目には新奇な題材の数々が鮮やかに映るようになった。

春雨に山田のくろを行く賤《しづ》の
蓑吹き乱る暮ぞさびしき

春雨のなか、山の田のあぜ道を行く農夫の着ている蓑が風に吹き乱れている夕景の、なんとさびしいことか

磨きぬかれた新古今風の匂いはなく、ただ目の前にある情景と感慨を素直に詠んでいる。隠岐の光景がいかに院の心をなぐさめたかが、うかがい知れる。

鎌倉では、乱の勝者・義時も政子も亡くな

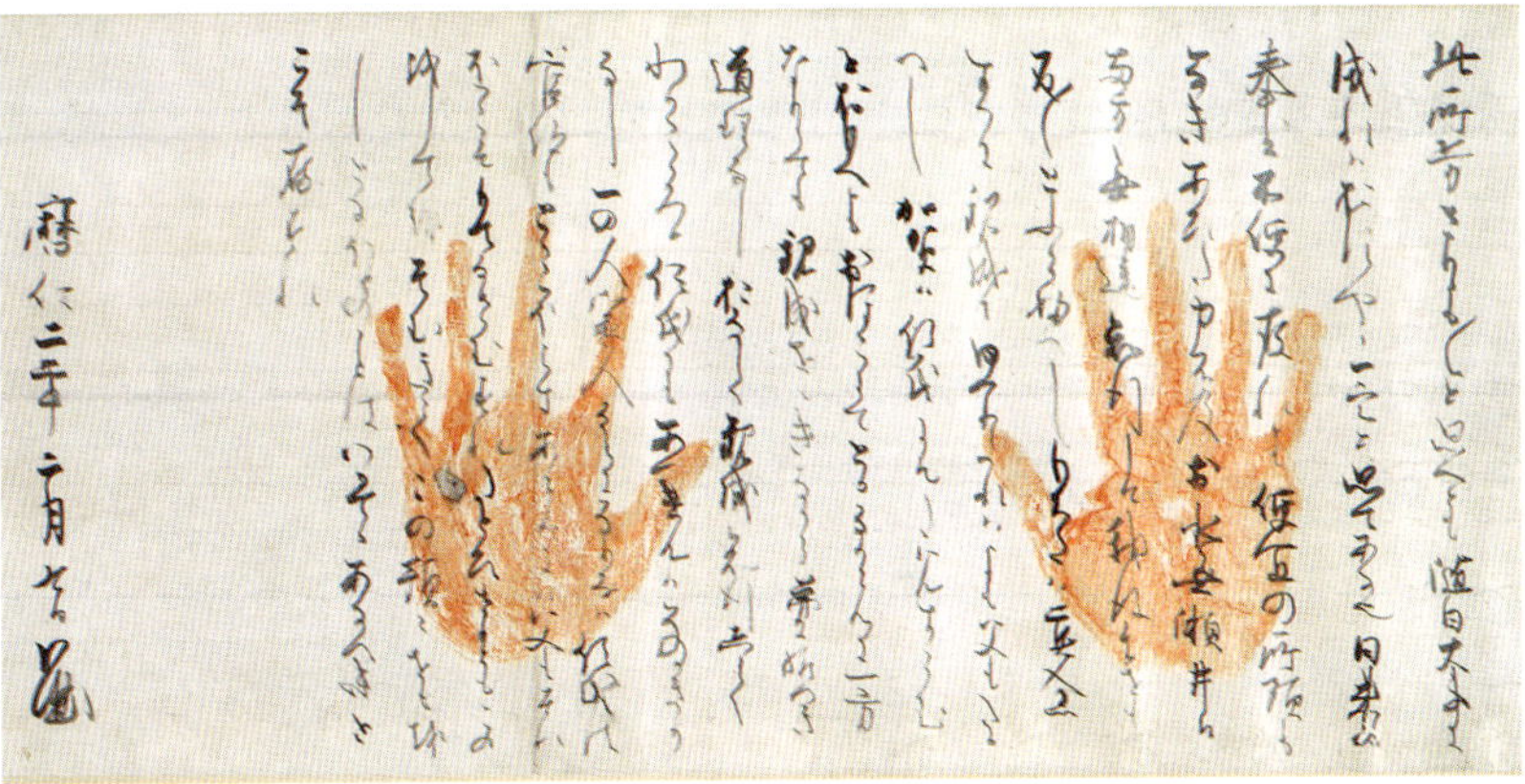

宸翰手印置文　崩御十三日前に書かれた後鳥羽院直筆の遺言状。「我が後生をも返す返す弔ふべし」とある

り、政権をになった泰時は合議機関・評定衆を置き、日本最初の武家法「御成敗式目」を制定するなど画期的な政策を打ち出し、武家政権の地盤固めに邁進していた。

院にはもはや、政治的野望はあり得なかった。和歌しか、なかった。

島での晩年、院は心血を注いだ『新古今和歌集』の改訂を手がける。いわゆる『隠岐本新古今和歌集』である。

改訂の理由は、隠岐本の跋にいわく、あれもこれもと入れすぎたこと、そして自分の和歌を三十首も入れてしまったこと。つまり歌人たちに迎合し

後鳥羽院と長浜

琵琶湖の東岸・滋賀県長浜市名越町は、切り妻造りの瓦屋根や土壁の民家が残る、静かな山里。

この町の東のはずれにある平安期開創の名越寺へ後鳥羽院は密かに行幸し、承久の乱の計画を練ったと言う。境内の「後鳥羽神社」もその伝説に因んだもの。市内にはこの他、後鳥羽院腰掛けの石、幕府の探索から身を隠した洞穴、院の爪を納めた供養塔（福田寺）など、後鳥羽院伝説が随所に残っている。院は本当に、この長浜を訪れたのだろうか？

乱直前の院の行幸は、実際は不可能だったろう。長浜に残る昔話は、この辺りに住む「およそ」という女性が院に寵愛されたことを伝えている。長浜出身の女性が宮廷で院に愛された、それが一連の伝説を生んだのかもしれない。

後鳥羽天皇大原陵　隠岐にお供していた西蓮（藤原能茂）が院の遺骨を首にかけて都に入り、大原に安置した

てしまったことと、王者としての驕りがこの集の質を下げた、というのである。隠岐で十九年という歳月を過ごした後鳥羽院は、都を遠く離れたことで純粋な一歌人として改めて『新古今集』を見つめることができたのだろう。

　自分の和歌を削ってでも優れた歌集を作る――それは、和歌という宮廷文化をになう、実に王者らしい姿ではなかったか。

　延応元年（一二三九）、後鳥羽院六十歳、歌人として、隠岐に死す。

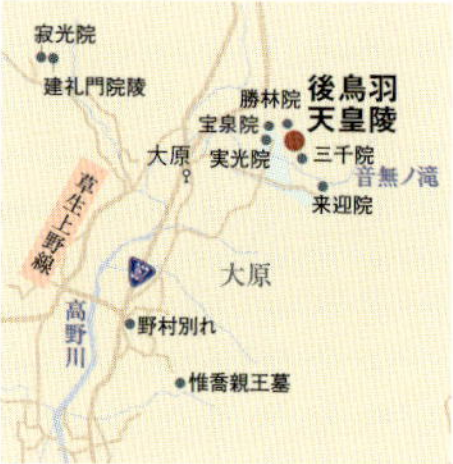

後鳥羽天皇陵は、JR「京都駅」前から京都バス17・18系統で「大原」下車徒歩10分

『後鳥羽院と『新古今和歌集』』

村尾誠一

序

帝王後鳥羽院

本日は「後鳥羽院と『新古今和歌集』」という題でお話をさせていただきます。「後鳥羽院の見果てぬ夢」というテーマの下で話すのですが、ここで言う「夢」とは、武家の時代になった鎌倉時代にあって、帝王が帝王らしく、朝廷が朝廷らしかった王朝時代に復古する、そういう夢だと言っていいだろうと思います。『新古今和歌集』もその夢と密接に関係します。その夢は政治の上では破れたわけですが、文学の上では生き残るのだというお話をする予定です。具体的には帝王としての後鳥羽院の生涯をざっとたどった上で、三つの部分に分けて話を進めていきます。

最初は「一　勅撰和歌集を編む意志」として、後鳥羽院が勅撰和歌集である『新古今和歌集』の編纂に熱中した背景を主にお話しいたします。次に「二　『新古今和歌集』を読みながら」ということで、ごくさわりですが、実際に『新古今和歌集』を読みながら、後鳥羽院がこの歌集に込めたもの、さらには撰集の過程などについても触れたいと思います。そして最後が「三　後鳥羽院と『新古今和歌集』の和歌史的な意義」として、この歌集とそれを編纂する後鳥羽院の事業が後の和歌の歴史の中でどのような意味を持ったのか、という展開をさせます。つまり、後鳥羽院の夢はこの歌集に込められて、したたかに生き残るのだ、というお話をしたいと思います。

村尾誠一（むらお　せいいち）

東京外国語大学教授。学習院大学文学部卒業。東京大学大学院国文学専攻博士課程満期退学。専門は中世日本文学。『新古今和歌集』とその時代を起点に、中世和歌における表現のあり方とその文学史的な展開の追究を主なテーマとする。主な著書に『新続古今和歌集』（明治書院）、『歌ことば歌枕大辞典』（共編著・角川書店）、『和歌を歴史から読む』（共著・笠間書院）など。

では、帝王としての後鳥羽院の生涯をたどるにあたって、まず確認しておきましょう。ややキャッチフレーズ的なまとめ方ですが、帝王後鳥羽院の生涯の最大のトピックスとなれば、「鎌倉幕府を作られてしまった天皇」、「鎌倉幕府を清算しようとした上皇」の二つになると思います。

後鳥羽院は治承《じしょう》四年（一一八〇）、源頼朝が反平家の挙兵をした年に生まれています。そして四歳（年齢はすべて数え年）の寿永《じゅえい》二年（一一八三）、天皇の位を受けています。平家の都落ちに従って安徳天皇が西海に落ちた、その後を受けた践祚《せんそ》です。

したがって、源平の合戦が終わって、源頼朝が鎌倉幕府という日本国のもう一つの中心を作っていくのは、後鳥羽天皇の時代なのです。そして建久《けんきゅう》三年（一一九二）七月、頼朝が征夷大将軍の地位を得る、このときの天皇も後鳥羽天皇でした。まさに幕府という日本国のもう一つの中心を作られてしまった天皇なのです。今まで朝廷という一つの中心があって、円形のような形でまとまっていた日本国の政治の構造が、朝廷と幕府という二つの中心を持った、いわば楕円のような政治の構造に変わっていってしまった。そのときの天皇が後鳥羽天皇だった。ですから「鎌倉幕府を作られてしまった天皇」という形でまとめたわけです。ここでは表現が受け身になっています。頼朝によって作られたからということですが、朝廷の側としても、当時は院政と呼ばれる政治体制下にあったわけです。したがって、実質的な権限は天皇ではなくて上皇が持つという体制でした。実際、後鳥羽天皇の時代も建久三年三月までは祖父に当たる後白河法皇が在世中でした。そして何よりも後鳥羽院が天皇だった時代というのは、まだ年齢の上でも幼少でした。

後鳥羽院の本格的な活動は、建久九年（一一九八）、十九歳で天皇を退位して上皇になってから始まります。その上皇時代の為政者としての最大のトピックが、作られてしまった鎌倉幕府を清算しようとしたことです。

源頼朝は後鳥羽院が上皇になった翌年の正治《しょうじ》元年（一一九九）に没します。その後、頼家、実朝と続く将軍が安定した為政者でなかったことはご承知だと思います。そして承久《じょうきゅう》元年（一二一九）、実朝が暗殺され、そこで源家の将軍としての血筋が絶えて鎌倉幕府は危機を迎えるわけです。

その危機に乗じるように一気に幕府を殲滅《せんめつ》しようと試みたのが承久の乱、鎌倉幕府を清算しようという試みでした。承久三年（一二二一）、後鳥羽院四十二歳のときです。もちろん幕府というもう一つの中心を殲滅して、本来あるべき朝廷という一つの中心の国家に戻ろう、そういう意図によるものです。しかしながら、その挙は失敗に終わり、院は隠岐に流される。そして日本海の孤島で二十年近い流人の日々を送り、延応《えんおう》元年（一二三九）、六十歳で没します。

鎌倉時代が始まり、日本が中世という新しい時代を迎えようとしたなかで、平安時代以前の古代への復古をめざした後鳥羽院の夢は挫折する、それで「見果てぬ夢」となったわけです。

しかし、歌人としての後鳥羽院は『新古今和歌集』という文学史上の金字塔をつくり上げました。

一　勅撰和歌集を編む意志

勅撰和歌集を道標にした歌人としての始発

後鳥羽院は歌人としても一流であった、これは言うまでもありません。例えば代々の勅撰和歌集に何首、後鳥羽院の歌がとられているかというと、二五三首という数に上ります。これはかなり多いと言わざるを得ません。それだけ見ても一流の歌人であるということは確かでしょう。

さて、そういう後鳥羽院の歌人としての経歴のどの段階で『新古今和歌集』は編《あ》まれたのでしょうか。歌人として円熟した頃に満を持して、という解答が予想されるわけですが、実はまったくそうではない。『新古今和歌集』が一応の完成を見たのは元久《げんきゅう》二年（一二〇五）のことです。「一応の」とは変な言い方かもしれませんが、その理由については後でお話しいたします。後鳥羽院は二十六歳です。

歌人としての経歴を考えると、後鳥羽院は天皇時代に和歌を残していません。少なくとも我々は一首も見つけることはできていない。全く詠まなかったかどうかは問題ですが、少なくとも今に残るような和歌はありません。ようやく退位した翌年になって一首確認できるのみです（異論もあるのですが）。そして翌々年の正治二年

（一二〇〇）になると、ぼちぼちと和歌資料が見え始め、その正治二年の八月、『正《しょう》治《じ》初《しょ》度《ど》百首《ひゃくしゅ》』という百首歌を催行します。

これは、当時の有力な歌人から百首から成る作品を召して、自身も詠む、そういう企画です。それも二十三人の歌人からという規模の大きな、上皇が主宰するわけですから公の歌会です。

以後、頻繁に和歌の活動が始まります。本格的な歌壇経営がこの年、唐突なぐらい急に始まります。そして翌建仁《けんにん》元年（一二〇一）七月、勅撰和歌集を編むための和《わ》歌所《かどころ》という機関を設けます。さらに十一月には『新古今和歌集』の撰集を下命しています。つまり、本格的な和歌活動を始めて、院自身も本格的に歌を読み始めた翌年にもう『新古今和歌集』を編むという企画を始めているわけです。

この時点で、後鳥羽院は歌壇の中心となって歌人たちを自由に操っています。歌集の編纂と並行して活発に歌壇活動を始めるわけです。例えば先ほどお話しした百首歌も三回召しています。特に三度目の百首歌は三十人の歌人から百首を、全部で三千首の歌を召して、それを歌合《うたあわせ》の形につがえるのです。

歌合というのは、実はいろんな形態があるのですが、簡単に言えば歌人を左右二つのチームに分けて、各チームから一首ずつ歌を出させて優劣を競い合うという競技です。その歌の優劣を判定する人を判者《はんじゃ》と言います。そしてその判定する理由を書きつけたものを判詞《はんじ》と言います。三千首の歌を千五百番から成る勝負の歌合につがえて、十人の歌人に判詞を書かせているわけです。これだけの規模ともなれば、歌人達が実際に集まって会を行なうのではなく、机上のものではあります。これは、歌をつくるだけではなく歌に対する批評もしっかりとやってくれという、周りの歌人たちに対する後鳥羽院の意思表示なのだろうと思います。これが千五百番歌合と呼ばれる歌合です。ともかく精力的に歌人たちに歌をつくらせて、みずからも詠むのです。

和歌所は御所に置かれるのですが、和歌所が置かれた御所をはじめ、鳥羽・水無《みな》瀬《せ》の離宮で頻繁に歌会を開きます。助走がほとんどないままに、例えて言えば火山のマグマが燃え盛るような和歌活動が始まり、五年後にはもう『新古今和歌集』は完成している。ですから、後鳥羽院の和歌活動というのは、勅撰和歌集を撰ぶということを前提になされていると言わざるを得ないでしょう。そもそも百首歌という試みは勅撰和歌集を前提にして公に開かれるという前例もあります。まず勅撰集ありきということだったのだろうと思います。

勅撰和歌集の基本理念

では、勅撰和歌集というのは一体何なのでしょうか。

勅撰和歌集というのは言うまでもなく天皇、あるいは上皇の命令によって編まれる和歌集のことです。それは帝王のよき治世が行われていることの証拠であり記念なのです。

そもそも勅撰の文学撰という理念は中国からもたらされたもので、中国ではもともと文学と政治は密接な関係を持っていました。中国文学の原点とも言える『詩経』という詩集の序文に、「詩者志之所之也（詩は志の之《ゆ》く所なり）」という有名な文言があります。当時の中国の文学の担い手を考えれば、志というのは政治の志と考えなくてはなりません。当時の中国では、よき治世下にはよき歌が行なわれる、そういう観念もありました。さらに中国では、「文章経国《けいこく》の思想」などと呼ばれることもあります。「経国」とは国を経営、運営するということです。それを輸入したのが日本における勅撰集で、最初は漢詩集でした。中には『経国集』という名を持った詩集もありました。

後鳥羽院にとって勅撰和歌集を編むことの意味、それは自分の時代がよき時代であることを示す行為でした。換言すれば、よき帝王であることを示すためには勅撰和歌集を撰ばなくてはならない、そういうことにもなるわけです。

聖代への復古

日本に中国を規範とした律令国家が成立してから後鳥羽院の時代に至るまで、既に五百年ほどの時間が経過しています。日本の歴史の中でも理想的だった時代として回想される時代が共通観念として成立しています。当時の人々が共通して理想の時代（それを「聖代」という言葉で呼びます）と認識するのは平安時代の前期、十世紀の延喜《えんぎ》・天暦《てんりゃく》の治と呼ばれる醍醐天皇、村上天皇の時代です。

この二人の天皇、醍醐天皇、村上天皇の顕著な政治的な偉業ということになると少し困るのですが、文学史上では最初の勅撰和歌集である『古今和歌集』、それを継いだ二番目の勅撰和歌集である『後撰和歌集』の時代です。勅撰和歌集という記念碑で知られる時代です。

そして後鳥羽院の時代にあってよしとされるのは、過去の規範に従うということです。過去の規範に従うというのは、政治的、文化的な理念としては早くからあったのですが、後鳥羽院の時代ともなると顕著な思考様式になるわけです。よき治世であることは聖代に倣うことだ、ということで、後鳥羽院も、よき治世のためには延喜・天暦に学ばなくてはならない。そのためにも『古今和歌集』、『後撰和歌集』のような勅撰和歌集を撰ばなくてはならなかったのです。

為政者としてよき治世を実現したいというのは当然でしょうが、そうした常識論を超えて、後鳥羽院がそのことにこだわる理由、それは明白だろうと思います。やはり鎌倉幕府を作られてしまった天皇だということ、これが一番大きな原因でしょう。後鳥羽院が天皇になったときの事情——安徳天皇が西海に落ちたため、後鳥羽院は三種の神器を受けずに践祚した、そういう特殊な事情もあるかもしれませんが、鎌倉幕府を作られてしまった天皇であるということに一番大きな原因があるのは間違いないだろうと思います。今まで以上に、あるべき統治者として振る舞わなくてはならない必然性も、そこにあるのです。

古典主義という方法

さて、そうした後鳥羽院が勅撰和歌集を編もうとしたとき、院の前に広がっていた和歌の世界の状況はどうだったのでしょうか。

当時の、和歌のあり方というのは、実は聖代への復古という理念にちょうど合致するような状況でした。

後鳥羽院が和歌を本格的に詠み始めたとき、すなわち勅撰和歌集の撰定に向けて走り始めたとき、最も影響力を持った歌人は藤原俊成でした。俊成は既に文治《ぶんじ》四年(一一八八)に『千載和歌集』という勅撰和歌集を撰者として完成させた歌壇の大御所です。また俊成は、後鳥羽院の最も信頼の篤い権力者であると同時に、極めてすぐれた歌人であった藤原良経《よしつね》の家(九条家)を中心とした歌壇で、息子の定家を初めとする優秀な歌人たちを指揮し盛んに和歌活動を展開していました。そのとき自分の創作上の、さらに周りの歌人たちを導いていこうとした和歌理念、これが古典主義と呼べる理念でした。

古典主義とは一体どういうものなのか、俊成の作品で具体的に見ていきたいと思います。

俊成が自身で最もすぐれた歌だと自讃していたと思われる作品があります(これについては鴨長明の『無名抄』での証言もあります)。美術史の用語で、時代の様式をいち早く実現して、その時代の規範となるような作品を「様式の父」と呼びますが、この作品は恐らくそれに当たるような一首ではないかと思います。『千載和歌集』の次の作品です。

夕されば野辺の秋風身にしみて鶉《うづら》鳴くなり深草の里

「夕方になると野辺を吹く秋風が身にしみて鶉の鳴く声が聞こえるよ、この深草の里では」といった内容の歌です。深草の里は京都の南のあたり、当時は草深い郊外でした。草深い郊外の深草で、秋風に吹かれながら物思い、鶉の淋しい鳴き声を聞いている人物を彷彿とさせるしみじみとした作品です。その人物の思いに共感したくなるのですが、その思いはどんな思いなのでしょうか。

三句目に「身にしみて」という言葉がありますが、この主語は誰でしょうか。むろん作者、あるいはこの歌の中で秋風に吹かれる主人公たる人物ということでしょうが、鶉という可能性はいかがでしょうか。実はこの歌の場合、そう考えなくてはならない理由があるのです。

この歌には下敷きとなる世界があります。それは十世紀初頭の『伊勢物語』の一二三段の一話です。

むかし、男ありけり。深草に住みける女を、やうやうあきがたにや思ひけむ、かかる歌をよみけり。

年を経て住みこし里を出でていなばいとど深草野とやなりなむ

女、返し、

野とならば鶉となりてなきをらむ狩にだにやは君は来ざらむ

とよめりけるにめでて、ゆかむと思ふ心なくなりにけり。

「深草に住んでいた女にだんだん飽きてきて、私が出ていったらこの深草はいよいよ草深くなるだろう、という歌を男が詠んだ。すると女は、いよいよ草深い野となってしまったなら、私は鶉となって鳴いていましょう、狩にくらいはあなたは来てくれるでしょうから、と詠んだ」。こういう内容です。ここに出てくる深草の鶉、それを踏まえた一首です。これが下敷きにあると思います。

もっとも物語の方は歌の力で男をつなぎとめ、ハッピーエンドに終息しますけれども、物語の中の女の歌は俊成の歌のような場面への進展をも切実に想起させるのではないかと思います。そこに注目して、物語をやや変奏させて俊成の歌の世界は展開します。だから、俊成の歌の鶉は、男に捨てられて秋風――秋風には「飽きる」が掛けられるのが常套です――に身を切られるように悲しく鳴く鶉ということになります。だから、この歌の人物の思いにもそれが重なり、この歌が非常に深い、悲しい奥行きを持つのにお気づきになるかと思います。

こうした古典世界を下敷きにして、その上に立って世界を展開させる、それが、彼らが新風として推し進めていこうとした方法です。そして、その古典世界の中心が延喜・天暦の時代、さらには少し後の『源氏物語』の時代、さらにさかのぼって、そうした時代を準備した『万葉集』の時代、そこまでを含めた古代の王朝時代です。その時代の文学を古典として尊重し、自分たちの文学の基盤、共通の財産として利用する、そうした方法なのです。これは「古典主義」という名前を与えてもいいだろうと思います。

これは、後鳥羽院の復古という観念にもそのまま合致する、と言えるだろうと思います。さらには、周囲の環境が変わったとしても、和歌の世界を王朝の世界にとどめるための手段ともなるわけです。

和歌史的に見れば、こうした古典主義をさらに推し進めて、それを基本的な理念とした『新古今和歌集』という勅撰和歌集を実現させたのが後鳥羽院なのです。後鳥羽院は和歌の歴史の中で自覚されてきた古典主義を一躍中心に据え、そうした理念を中心とした作品を同時代の歌人たちに生産させながら、それ等の作品を中心に配置して『新古今和歌集』を編んだ。それは古代への復古という理念にもふさわしいものでありましょう。

こうしたことを確認した上で、『新古今和歌集』を読んでみたいと思います。

二　『新古今和歌集』を読みながら

序文
——仮名序

最初に序文の一部を読んでみましょう。『新古今和歌集』には漢文による真名《まな》序と和文による仮名《かな》序、二つの序文があります。ここでは仮名序を読みます。

この仮名序というのは、先述しました後鳥羽院が最も信頼していた臣下である藤原良経が書いたものですが、良経は後鳥羽院の立場に立って書いています。最初のごく一部だけですが、そこには和歌が神々の時代、須佐之男命《すさのおのみこと》から始まったこと、恋愛の手段や心の解放の手だてだが政治の道につながること、これが端的に述べられています。

やまとうたは、昔あめつち開けはじめて、人のしわざいまだ定まらざりし時、葦原中国《あしはらのなかつくに》の言《こと》の葉《は》として、稲田姫素鵞《すが》の里よりぞつたはれりける。

和歌は、まだ神々の時代に、日本国の言語芸術として稲田姫の素鵞の里より伝わった。ここは少しわかりにくいかもしれませんが、須佐之男命は出雲の素鵞の里というところで稲田姫に求婚をしたのです。そのとき「八雲《やくも》たつ出雲《いづも》八重垣《やへがき》妻ごみに八重垣つくるその八重垣を」という歌を詠んだとされています。これが伝統的に和歌の起源というふうにとらえられています。ここではそのことを言っております。

しかありしよりこのかた、その道さかりに興《おこ》り、その流れいまに絶ゆることなくして、色にふけり、心をのぶるなかだちとし、世をおさめ、民をやはらぐる道とせり。

それ以来、現在まで絶えることなく盛んで、恋愛の手段や心を解放する手だてとして、統治し、人々を慈しむという政治の道にもつながるのだ、こういうふうに述べているわけです。

最後の「世をおさめ、民をやはらぐる道とせり」で、政治と密接なこの歌集の理念がはっきりと表明されています。このところを、真名序では「理世撫民之鴻徽《りせいぶみんのこうき》」と非常に格調高い表現で表わしています。政治の道と和歌は密接につながるというのです。勅撰和歌集を編まなくてはならない理由が、ここでしっかりと確認されます。

巻頭の歌
――藤原良経の歌

さて、その序文の次に巻一としていよいよ和歌が始まります。勅撰和歌集は最初に四季の歌を季節の順に配列するので、最初の歌は必然的に立春の歌ということになります。これは仮名序を書いた摂政太政大臣藤原良経の歌です。

春たつ心をよみ侍りける　　摂政太政大臣

み吉野は山もかすみて白雪のふりにし里に春はきにけり

「立春の心を読みました」と詞書があって、「ここ吉野では山も霞み、白雪の降り続いていたこの古い里にも春はやって来たのだな」、そういう内容の歌です。

この歌にも実は下敷きとなった作品があります。

春立つといふばかりにやみ吉野の山も霞みて今朝は見ゆらむ

これは『拾遺和歌集』の壬生忠岑《みぶのただみね》の歌です。吉野は寒いところです。その寒い吉野にも立春の今日、春が立っているだろうか、そういうふうに思いやるのが忠岑の歌です。

良経の歌はこの忠岑の歌の上に立って、より具体的に、今まで降っていた雪の姿を詠出します。そうした吉野の静かな雪の中で、山もほのかに霞み、春が立ってゆく、静謐な、静かで安らかな立春を印象づけます。ここでは『拾遺和歌集』の和歌を下敷きにしていることをよくわからせるように、古歌の言葉をそのまま引用しています。「み吉野の山も霞みて」、この部分です。そうした下敷きになる和歌の一部をほぼそのまま引用して、それを下敷きにしているのだということをはっきりと読み手にもわからせて、さらには下敷きになった作品と重ねる技法、これを本歌取《ほんかど》りと称します。

この本歌取りというのが、この時代の和歌においては最も重要な技法である、と言っていいだろうと思います。

後鳥羽院の歌 ——香具山立春の歌

次は後鳥羽院の歌です。

春のはじめの歌　　太上天皇

ほのぼのと春こそ空にきにけらし天の香具山《かぐ》かすみたなびく

「ほのぼのと春は空に来たらしい、天の香具山に霞がたなびいている」、そんな内容の歌です。訳してもほとんど変わりませんけれども。

さて、この後鳥羽院の歌、これも実は本歌取りによる歌です。この歌の場合は『万葉集』の巻十の歌を本歌としております。『万葉集』の中には人麿歌集に出ていた歌だということで載っている歌が結構あります（それが何であるかというのは問題になっているのですが）。これもその一首です。

久方の天の香具山この夕べ霞たなびく春立つらしも

「天」は、『万葉集』では大体「アメ」と読んでいます。それが平安以降になると「アマ」という読み方をするようになってきます。これは『万葉集』の歌ですから「アメ」と読んだ方がいいでしょうか。この歌が本歌であります。

言葉の重なりがやや間接的ですが、こういう本歌取りもあるんですね。この歌の場合、本歌の存在はその古代的な雰囲気を盛り上げているのだろうと思います。本歌は夕方ですが、院の歌は朝で、時間が移っております。さらに、本歌はどちらかといえば繊細な風景ですが、後鳥羽院の歌ではおおらかな風景に転じられています。

この歌についてはもう少し、香具山に注目して考えてみたいと思います。

香具山というと、『百人一首』で有名な持統天皇の「春すぎて夏きにけらし白たへの衣ほすてふ天の香具山」、この歌を思い浮かべる方も多いと思います。これは本来『万葉集』の歌ですが、『新古今和歌集』でも夏の冒頭に載せられています。後鳥羽院にも親しい歌です。さらに、帝王が香具山に季節の兆しを見るということでも共通しています。恐らく後鳥羽院はこの歌を意識していたのでしょう。

香具山というのはかなり特殊な山で、『万葉集』の巻一を見ますと、舒明天皇がこの山に立って国じゅうを見渡すという国見をした、という歌が載せられています。

天皇、香具山に登りて望国《くにみ》したまふ時の御製歌

大和には　群山あれど　とりよろふ　天の香具山　登り立ち　国見をすれば　国原は　煙《けぶり》立ち立つ　海原《うなはら》は　鷗《かまめ》立ち立つ　うまし国ぞ　蜻蛉《あきづ》島　大和の国は

短いながらも長歌です。「香具山に登って見渡すと、平野では炊飯の煙が立ち――ご飯を炊く煙ですね――人々は豊かそうである。海ではカモメが立ち――カモメは魚がいるところに群がって飛ぶわけです――それで魚も豊富そうだ。すばらしい国だ、日本国は」。そういった内容の歌です。これが実は国見なのです。

国見とは、高いところに登って支配者が自分の支配地域を確認する、そういう行為です。大昔であれば、そこに登って目に見える範囲が自分の領地だ、というような状況だったのでしょう。ただ、天皇ともなると、それは日本国全体であるわけです。この歌では、あたかも香具山――香具山は実は低い山なのですが、中世の『百人一首』の注釈などを見ますと、「香具山は高き山にて」とか、「香具山は常に頂上を雲の中に隠している」とか、そんな説が堂々とまかり通っています。香具山というのはやはり国見の山で、特別な山なのですね。

この歌の場合も、香具山の頂上に登ると日本国の端まで見えて海が見える、と詠っています。例えば、『新潮日本古典集成　万葉集』では、この海というのは香具山の周辺にあった埴安《はにやす》、磐余《いわれ》などの池を指しているのだろう、そこの水鳥を鷗と言っているのだろう、という注がついています。冷静に見ればそういうことでしょうが、観念的にはこれはやはり海でなくては国見にはならないだろうと思います。

国見とは帝王であることを確認するための行為であって、後鳥羽院が香具山を詠むとき、国見の山だという意識は当然あったでしょう。無論その背後には、自分も帝王なのだという意識、強烈なその意識の存在を考えていいだろうと思います。

さらにおもしろいのは、後鳥羽院の歌は『新古今和歌集』で二番目ですが、舒明天皇の歌も『万葉集』では二番目なのです。これは後鳥羽院の歌を考える上で大きな意味を持つことだと思います。

また、国見ということで言うと、『新古今和歌集』では賀の巻——賀というのはお祝いの歌が集められている巻ですが——その巻頭はやはり仁徳天皇の国見の歌です。

みつきもの許されて国富めるを御覧じて　仁徳天皇御歌

たかき屋にのぼりて見れば煙たつ民の竈《かまど》はにぎはひにけり

これは、飢饉などで民が疲弊し貧乏になってしまったので、仁徳天皇が税金を免除して民を富ませた。要するに国庫には収入がないのですが、天皇が耐乏生活に耐えて民を富ませた、そういう神話に基づいているのです。免税により富んで、盛んに炊飯の煙を上げる民の姿を国見して喜ぶ、そういう天皇の歌です。

このように並べてみると、後鳥羽院の国見への関心、奈良時代とそれ以前の上代の天皇への関心、さらにはそれを通して帝王であることを自覚する姿勢、それらが見てとれるだろうと思います。さきにも述べましたが、後鳥羽院が復古しようとする帝王の時代というのは、まずは延喜・天暦の時代であるにせよ、ある意味では帝王がより帝王らしかったのは万葉時代、上代だったかもしれません。万葉時代や上代への関心、これには大きなものがあります。それは彼らの歴史の知識からすれば、あるいは当然かもしれません。

しかし、後鳥羽院の場合には、これにもしかとした時代の背景があります。実は、後鳥羽院の生まれた年には平重衡《しげひら》の軍勢によって奈良が焼かれています。東大寺、それから興福寺を中心とした現在の奈良公園のあたりが焼き払われてしまった。そして、直ちに国家的事業でその焼き払われた伽藍が再建されます。例えば今に残る東大寺の南大門、あるいは運慶や快慶の活躍ということでご存じの方も多いだろうと思います。中世文化というのは、上代のモニュメントの復興から始まった。大仏殿をはじめとする大再建事業でした。ですから、その時代に上代への関心が高まるのは必然的だったと言えるでしょう。

したがって『新古今和歌集』の始まりは、吉野、それから香具山、という大和の国の立春から始まっている。これも当然偶然ではないといっていいでしょう。ともあれこの歌は『新古今和歌集』に込められた帝王の帝王らしい時代への復古の意思、それをよく体現している作品だろうと思います。そして何よりも香具山、そして国見ということを通して、帝王らしくありたいとする後鳥羽院の姿勢が見える歌である、と言ってよいだろうと思います。

もちろん『新古今和歌集』というのはそうした側面だけではありません。例えば極めて妖艶な恋愛世界が詠われている。それも『新古今和歌集』を考える上では重要な側面ということになるでしょう。ただ、そうした世界の形成にあっても、王朝時代への復古という理念によること、これは変わらない。妖艶な恋愛世界を形づくるにしても、王朝の古典の上に立ってそうした世界を構築していく、つまり理念は共通しているわけです。これはぜひご自分の目で確認していただきたいと思います。幸い、最近の『新古今和歌集』の注釈は、そうした世界へ誘うように非常に注意深くなされていると思います。ですからぜひご自身の目でそういう作品にも触れていただきたいと思います。

写本に付された記号
――『新古今和歌集』の編纂過程

さて、ここで話題を変えて、掲出の写真を見ていただきたいと思います。これは、南北朝時代に書写された『新古今和歌集』の中でも代表的な写本の一つです。烏丸《からすま》本と呼ばれる本です。歌は先ほど読んだ二首で、変体仮名でやや読みにくいかもしれませんが、対照して解読を試みていただいてもおもしろいかと思います。

この写本にはいろんな書き込みがあります。歌の上に二、三、四という漢数字があるのがおわかりだと思います。二の下には「定」、三の下には「隆」、四の下には「雅」という漢字が付されています。まずこの数字を考えてみたいと思います。それから歌の右肩のところに棒線が引いてあります。こういう棒線を合点と呼んでいますが、この合点にも注目してみたいと思います。

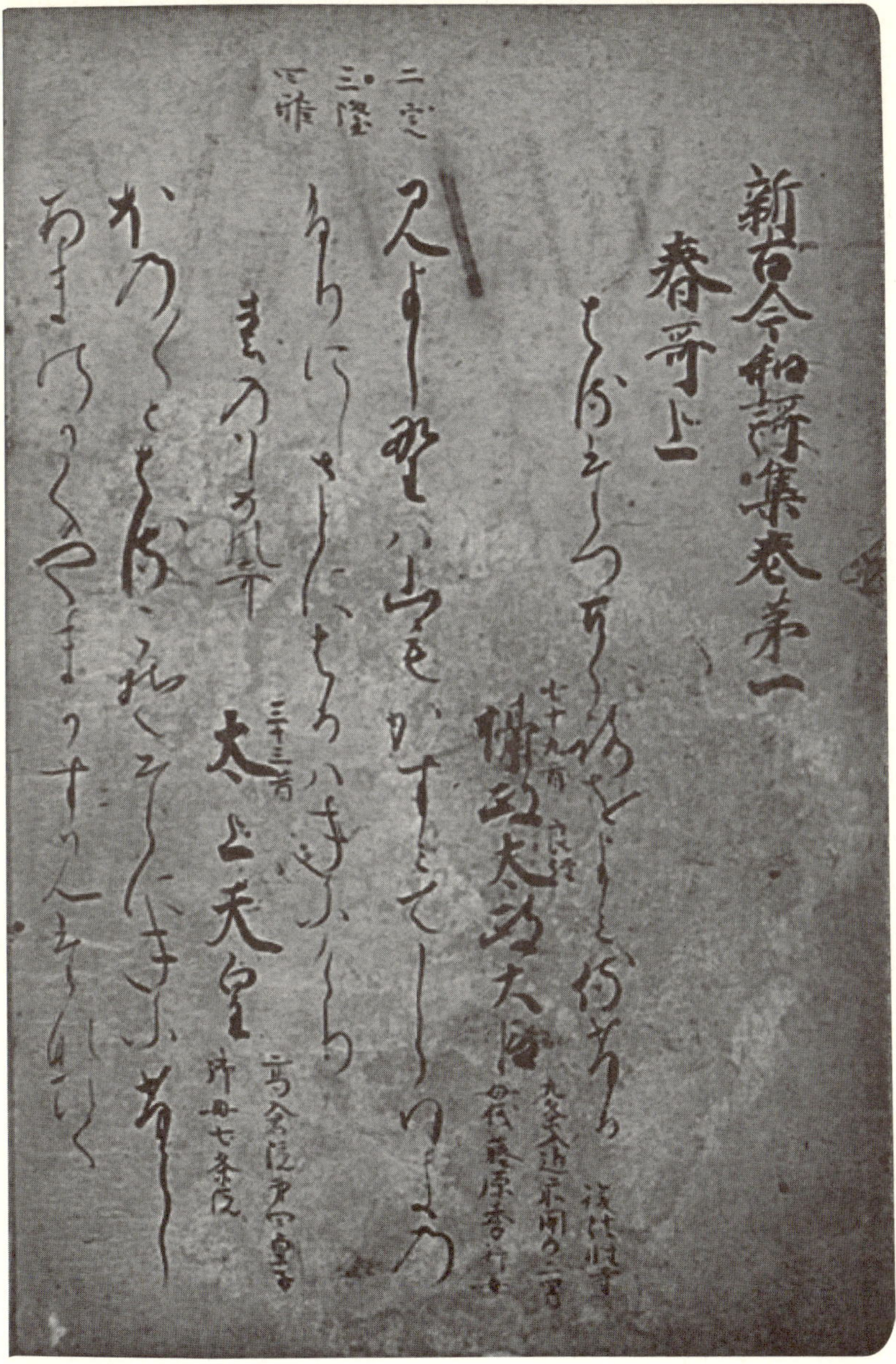

『新古今和歌集』烏丸本

一首目には二、三、四という数字があって合点もありますが、二首目にはありません。これは一体何でしょうか。

この記号は実はこの歌集、『新古今和歌集』の編纂過程が写本の中に露出しているおもしろい印なのです。後鳥羽院がこの歌集をどういうふうに作り上げていったのか、それをたどりながらこの記号の意味を解いていこうと思います。

さきにも触れましたが、後鳥羽院は『新古今和歌集』を編むに当たり、まず和歌所という組織をつくります。そして、その和歌所の中から撰者が選ばれます。撰者は最初六人選ばれるのですが、撰者の一人である寂蓮は下命の翌年に没してしまいます。したがって、実際に『新古今和歌集』の撰にかかわった撰者は、源通具《みちとも》、藤原有家《ありいえ》、藤原定家、藤原家隆、藤原雅経《まさつね》、この五人ということになります。

先ほど見た写本の漢数字、これは実はこの撰者を指しています。漢数字の下の漢字、「定」は定家、「隆」は家隆、「雅」は雅経です。撰者たちに二、三、四という数字が振られているのです。この写真には三つしかありませんが、全体を通して見ると五つ見られます。それをまとめてみると、縦棒が通具、一が有家、二が定家、三が家隆、四が雅経ということがわかります。

通具が縦棒というのが何か変だと思われるかもしれませんが、これには理由があって、この中で通具が一番官位が高いのです。撰者たちの歌を集めるときにどうしたかというと、まず通具が選んできたものを台本として置く。次に有家が選んできたものを見て、その台本の中にある歌を選んできたなら、台本の中の歌のところに一という数字を入れる。そして有家が台本にない歌を選んできたなら台本の後に書き添える。今度は定家、次は家隆、次は雅経、というふうに官位順にだんだんと重ねていったようです。これは田中喜美春さんという方の論文「新古今集の精選方法」(『岐阜大国語国文学』一二号、一九七六年二月)でそういう推理をなさっているわけなのです。このような形で『新古今和歌集』に選ぶ歌の台帳みたいなものをつくった。その名残りがこの記号で、「撰者名注記」などと呼ばれています。

そうすると、例えば五人全員が選んだ歌だとか、これは四人が選んだ歌だとか、そういうことがわかるわけです。一首目については、定家、家隆、雅経の三人は選んだが、他の二人は選ばなかった。そうなると、多数決で選んだのかということになるのですが、実はそうではなくて、最終的な判断は後鳥羽院がしたようです。撰者が選んで来なくても、後鳥羽院自身が自分で選んで来た歌もありました。それにはこうした記号は付きません。

実はそれだけではなくて、元久二年(一二〇五)というのは一応の完成の年であって、その後、『新古今和歌集』の改訂作業はずっと続いていきました。最終的には和歌所の開闔《かいこう》、事務長を務めた源家長《いえなが》という人が建保《けんぽう》四年(一二一六)に清書本をつくって、それで一応終わりになっています。その間、増補、削除が行なわれていますが、その過程で増補された歌にも記号はない。増補は後鳥羽院の意向でなされたようです。二首目の歌は元久二年三月に詠まれたもので、増補の一首です。後鳥羽院自身の手で選ばれたと考えられます。そうすると『新古今和歌集』というのは、後鳥羽院の意向がかなり強く働いて、そもそも歌を選ぶところから始まっているということがわかります。

『新古今和歌集』は元久二年に一応完成したと申しましたが、元久二年三月二六日に「竟宴《きょうえん》」と呼ばれる完成の宴会が行なわれます。後鳥羽院はどうしてもこのあたりに完成の日時を持ってきたかったようなのです。三月二六日という日付はよくわからないのですが、元久二年という年は『古今和歌集』三百年の記念の年なのです。干支で言えば五回目の還暦になるわけです。延喜五年は乙丑《きのとうし》です。元久二年も同様です。後鳥羽院は元久二年の乙丑の年に完成を持ってきたかった。そこで、やや強引にこの年次に完成させるということをしたようで、実際にはまだ未完だった。そこで先ほど言いましたように増補、削除、そういう作業が続いたわけです。

今度は合点について見てみたいと思います。歌の右肩に付された棒線です。これは『新古今和歌集』と後鳥羽院とのさらに続く関係の反映で、合点は「隠岐本」での点であると考えられています。後鳥羽院は承久の乱に敗北して隠岐に流されたのですが、その際に『新古今和歌集』を携えていった。そして『新古今和歌集』の中から四百首ほどの歌を削除して、いわば『新古今和歌集』の精選版をつくろうとした。「隠岐本」と呼ばれるものです。そのときに残された歌に付したのが先ほどの合点だったようです。

写本によっては、そこで削除された歌の下の方にスラッシュみたいな線を引く場合もあります。そうすると、先ほどの後鳥羽院の香具山の歌は、隠岐で削除された歌でもあるのです。ほかには、定家の「見渡せば花ももみぢもなかりけり浦の苫屋《とまや》の秋の夕暮」も削除されています。そうすると、「隠岐本」の削除というのは一体何だったのだろうか、この二首を取り上げただけでも相当悩みます。これは非常に難しい問題です。

勅撰和歌集としての完成は、先ほど紹介した源家長の清書本をもって考えるのが普通です。しかしこの「隠岐本」は、後鳥羽院が『新古今和歌集』を生涯にわたる伴侶、あるいは生涯にわたる執着、そういう形で考えていたということをよく示すのではないかと思います。

三 後鳥羽院と『新古今和歌集』の和歌史的な意義

三大歌風と中世・近世の宮廷和歌のあり方

最後に、後鳥羽院と『新古今和歌集』の和歌史的な意義について述べたいと思います。

現在、『万葉集』、『古今和歌集』、『新古今和歌集』を三大歌風、三大歌集というふうに言う言い方が普通になされています。これは和歌史の中で一つの重要な典型をつくったということでしょうし、さらにそれぞれの文学的な訴求力が現在に至るまで不滅である、ということを示すことでもあるのだろうと思います。

そして、『新古今和歌集』については、「幽玄」という言葉でその歌風が讃えられたり、非常に突出した知的な繊細さが「硝子細工」に喩えられたりもしました。あるいは「象徴主義」というような言葉で、西洋のマラルメとかボードレール、といった詩人と重ねられて称揚されたこともありました。それは一面において確かだろうと思います。

しかし、より重要なのは、中世から近世に至る宮廷和歌のあり方の基本が、『新古今和歌集』とそれをつくり上げる過程の後鳥羽院の活動の中ででき上がった、ということではないかと思うのです。後鳥羽院以後、「古典主義」というのが和歌の基本的な創作態度として確立する。もちろんそれに反論するような作品であるとか、もっと素朴な日常に即した作品、多様な展開は排除しません。しかし、基本はここになるわけです。

すなわち、和歌というのは、王朝的な世界が基本としてあり、その世界の上に立った文芸として存続し続けるわけです。周囲がどういうふうに変わろうとも、王朝文学という財産の上に和歌世界が構築される。そうである以上、和歌における王朝的な、宮廷的な世界は保持される、そういう構造をとるわけです。古典主義の和歌史上の肝要な点はここではないかと思います。

おそらく、後鳥羽院がいなかったとしても、和歌史の必然的な力学としてまったく違った結果にはならなかったでしょう。しかし、後鳥羽院の強烈な復古的な熱意が、その方向をはっきり定めたといってよいでしょう。後鳥羽院は中世以後の和歌の在り方を規定したのです。

勅撰和歌集の存続と変質

ところで、後鳥羽院以後、勅撰和歌集は存続しますが変質もします。勅撰和歌集は全部で二十一、十五世紀の『新続《しんしょく》古今和歌集』まで編まれ続けます。そして二十一代集というふうに総括されますが、『古今和歌集』から『新古今和歌集』までの八代集、それからそれ以後の十三代集、この二つに分かれます。十三代集の始まりは、藤原定家によって嘉禎《かてい》元年（一二三五）に撰ばれた『新勅撰和歌集』です。

なぜそこで八代集と十三代集に分かれるのか。これには多々理由があるのですが、まず十三代集では幕府の影が存在する。『新古今和歌集』の時代にも幕府はあったわけですが、幕府の影は皆無とは言いませんがほとんど問題にならない。ところが、『新勅撰和歌集』になると幕府の介入が急に問題になってきます。

室町時代になると、幕府の影どころじゃない。勅撰和歌集というのは、将軍がお膳立てをして、撰者も選んで、すべてやってしまう。そして最後に天皇の名前を借りる、という形に変わっていきます。

さらに撰者も変わっていきます。八代集では、原則として下命者である天皇の手によって、さまざまな条件の中から撰者が選ばれます。ところが、十三代集になると、歌道の家の当主、要するに歌の家元が受け皿として既にいて、そこに撰集が任される、そういう状態になるわけです。

例外もあるのですが、勅撰和歌集がだんだんと天皇の手を離れていく。それでも和歌は宮廷的な文芸として生き延びるわけです。それは、和歌が王朝時代の確固とした文学遺産の上に立つという古典主義の骨格を持つからなのです。

十五世紀に勅撰和歌集の伝統が終焉を迎える、そのころのことを考えてみますと、代々公家が務めてきた和歌の家に既に大きな揺らぎが生じています。血筋が絶えるということが深刻になってくる。定家の嫡流である歌の家、二条家も既に絶えています。その中で、例えば連歌師の宗祇《そうぎ》というような、公家とは無関係な血筋の者が勉強の力によって古典和歌を担っていく、そんな状況になっていくわけです。

そうしたことを可能にしたのは、やはり古典主義の力ではないかと思います。王朝の文学遺産という確固とした世界の上に和歌世界が組み立てられる方法、それが延々と続いてきたからです。古典主義がだんだんと制度化されていき、形として整えられて、最後は、変な喩えですが箱の中にぎゅっと和歌伝統を凝縮して詰める、すなわち王朝の文学伝統をぐっと凝縮して詰めて、手から手へと渡せるという状態に至っていくのです。

そうすることで、公家ではない、宮廷の生活を知らない者がその箱をあけて、勉強の力によってそうした世界を継承して伝えていくことが可能になったわけです。そこに至っていく原点、これが後鳥羽院の活動であり、『新古今和歌集』である、そういうふうに考えてもいいだろうと思います。

『新古今和歌集』を忌避する言説

このようにお話ししてきましたが、中世や近世の和歌に関する言説を見ていくと、実はかなり頻繁に『新古今和歌集』を忌避する言説が見られます。例えば花が過剰であるとか、初心者には劇薬、要するに派手過ぎる、それから初心者にはこんな歌はつくれない、そんな言説が結構多く見られます。

先ほど言いましたように、『新古今和歌集』以後の古典主義のあり方というのは、後鳥羽院の時代と同じではないのです。だんだんに整理されて、制度化されて整えられていく。そういう目から見ると、後鳥羽院の時代というのはマグマが燃えているような時代に見えてきます。そうすると、突出した部分、あるいは非常に過剰な部分というのがあるわけです。現代においてはそういうものが逆に訴求力になるのですが、当時の目から見ると、やはりそれは忌避したいということになるのだろうと思います。

しかし、そうした言説にもかかわらず、中世や近世の和歌史を追っていくと、その原点に後鳥羽院の活動が見えてくる。後鳥羽院の全生涯を考えれば、やはり見果てぬ夢の中で生涯を閉じた、そういうふうに言わなくてはならないのかもしれません。しかし、後鳥羽院の夢は和歌史の伝統の中ではしたたかに生き続けたのだ、そう言っていいのだろうと考えております。

話がやや多岐にわたりましたが、これを機に魅力的な歌集『新古今和歌集』を一人でも多くの方が開いてくだされば幸いです。

あとがき

「財団法人　ジェイアール東海生涯学習財団」は、平成二年の設立以来、生涯学習の活動機会を主として旅との関連のなかで提供していくことを使命とし、生涯学習事業と美術館事業（山口蓬春記念館）を二本柱として事業展開を行ってまいりました。

生涯学習事業としては、日本画、油彩画等の各種絵画や写真、俳句等の各種教室を開催するほか、文学・歴史の講演会や現地探訪などが主なものですが、歴史講演会の中心は「講座　歴史の歩き方」ということになります。おかげさまでこの講座は大変なご好評をいただいており、会場の収容人員に一一〇〇名という限りがあるため、毎回抽選により一部の方にはご参加をご遠慮いただかざるを得ないというような盛況ぶりです。

そうしたなかで、残念ながらご参加いただけなかった皆様方から「これまでの講演録はないのか」「せめて小冊子（ナビレット）だけでも入手出来ないか」といった声が数多く寄せられるようになりました。そこで、こうした声に多少なりともお応え出来ればと考え、このたびの出版に至った次第です。

しかしながら、内容面では、歴史の分野におきましても研究が日進月歩の状況であるためその成果を取り入れますと多少の修訂が必要となります。このため講座の開催時のものとは若干の相違が生じていることをご承知おきいただきたいと思います。

最後になりましたが、本書の発刊に当たりまして改めてご自分の講演録に目を通し補訂をしていただきました山本登朗先生、松尾葦江先生、朧谷寿先生、村尾誠一先生に深謝申し上げる次第です。また、講座の企画運営にあたっている（株）ジェイアール東海エージェンシーの関係者並びに出版の労をお取りいただきました（株）ウェッジの関係者の皆様には多大のご協力をいただきました。この場を借りまして厚く御礼申し上げます。

財団法人　ジェイアール東海生涯学習財団

編集委員会

図版所蔵一覧

カバー・表紙

- 『伊勢物語図屏風』　左隻　江戸時代　斎宮歴史博物館蔵

第一章

- 『見立業平涅槃図』　英一蝶筆　江戸時代　東京国立博物館蔵　Image:TNM Image Archives Source:http://TnmArchives.jp
- 『燕子花図』　左隻　尾形光琳筆　国宝　江戸時代　財団法人根津美術館蔵
- 『伊勢物語図』　尾形光琳筆　江戸時代　東京国立博物館蔵　Image:TNM Image Archives Source:http://TnmArchives.jp
- 『伊勢物語絵巻』第六九段「狩の使」　江戸時代　斎宮歴史博物館蔵

第二章

- 『平家物語絵巻』巻第一　中「鹿の谷の事」部分　江戸時代　財団法人林原美術館蔵
- 平清盛画像　『平家物語絵巻』巻第一　上「我身栄花の事」部分　江戸時代　財団法人林原美術館蔵
- 『平家納経』　提婆品見返し　国宝　平安時代　厳島神社蔵／写真提供：便利堂
- 『平家物語絵巻』巻第六　中「入道逝去の事」部分　江戸時代　財団法人林原美術館蔵
- 平重盛肖像　伝藤原隆信筆　鎌倉時代　神護寺蔵／撮影：山本道彦
- 宋銭「紹興元寶」　財団法人八十二文化財団蔵

第三章

- 『大原御幸図屏風』長谷川久蔵筆　桃山時代　東京国立博物館蔵　Image:TNM Image Archives Source:http://TnmArchives.jp
- 『平治物語絵詞』（模本）狩野栄信筆　江戸時代　東京国立博物館蔵　Image:TNM Image Archives Source:http://TnmArchives.jp　［原本：住吉慶恩筆　アメリカ・ボストン美術館蔵］
- 『年中行事絵巻』巻一より「朝覲行幸　舞御覧」　江戸時代　田中家蔵／写真提供：中央公論新社
- 後白河院画像　『天子摂関御影』天子巻より「後白河院」　鎌倉時代　宮内庁三の丸尚蔵館蔵
- 『梁塵秘抄』綾小路本　室町時代　天理大学附属天理図書館蔵
- 『法然上人絵伝』巻三十四　段五　国宝　鎌倉時代　知恩院蔵／写真提供：京都国立博物館
- 三十三間堂内陣　写真提供：便利堂

第四章

- 『法然上人絵伝』巻二十六　段一　国宝　鎌倉時代　知恩院蔵／写真提供：京都国立博物館
- 政子地蔵菩薩像　鎌倉時代　願成就院蔵
- 後鳥羽院画像　『天子摂関御影』天子巻より「後鳥羽院」　鎌倉時代　宮内庁三の丸尚蔵館蔵
- 『中殿御会図巻』部分　狩野養信模写　江戸時代　東京国立博物館蔵　Image:TNM Image Archives Source:http://TnmArchives.jp
- 藤原定家画像　『新三十六歌仙図帖』狩野探幽筆　江戸時代　東京国立博物館蔵　Image:TNM Image Archives Source:http://TnmArchives.jp
- 後鳥羽院宸翰手印置文　国宝　鎌倉時代　水無瀬神宮蔵／写真提供：京都国立博物館
- 『新古今和歌集』烏丸本　南北朝時代　天理大学附属天理図書館蔵

写真　内藤貞保／bon photo service
地図制作　林美也子／株式会社　梁プランニング

【日本を見つける知の探訪】
見果てぬ夢——平安京を生きた巨人たち
在原業平・平清盛・後白河院・後鳥羽院

2005年9月25日　第1刷発行

編著者　財団法人 JR東海生涯学習財団
発行者　松本 怜子
発行所　株式会社ウェッジ
〒101-0047 東京都千代田区内神田1-13-7　四国ビル6階
電話：03-5280-0528　FAX：03-5217-2661
振替 00160-2-410636　http://www.wedge.co.jp
ブックデザイン　上野かおる＋北尾崇（鷺草デザイン事務所）
印刷・製本所　図書印刷株式会社

※定価はカバーに表示してあります。ISBN4-900594-86-5 C0095